JULES FLORANGE

Souvenirs Numismatiques

du

TIR FRANÇAIS

Avant 1789

Avec 60 Dessins et 8 Planches hors texte

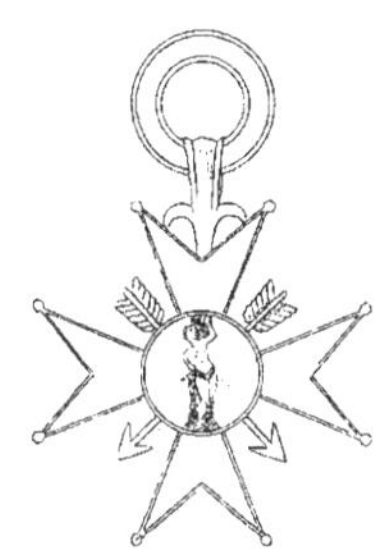

En Vente

A PARIS, CHEZ J. FLORANGE, EXPERT EN MÉDAILLES

21, Quai Malaquais, 21

—

1899

Souvenirs Numismatiques

DU

TIR FRANÇAIS

JULES FLORANGE

Souvenirs

Numismatiques

DU

TIR FRANÇAIS

Avant 1789

Avec 60 Dessins et 8 Planches hors texte

En Vente

A PARIS, CHEZ J. FLORANGE, EXPERT EN MÉDAILLES

21, Quai Malaquais, 21

—

1899

INTRODUCTION

Les compagnies d'archers, d'arbalétriers et d'arquebusiers furent une des plus curieuses institutions de l'ancien régime. Ce qui attire tout d'abord l'attention, c'est que ces sociétés aient pu coexister; alors que les armes à feu avaient définitivement remplacé les anciennes armes de jet, les archers n'en subsistèrent pas moins avec leurs usages traditionnels et leurs cérémonies imposantes ou burlesques.

A quoi doit-on rapporter l'origine de ces compagnies? Les arbalétriers d'abord, les arquebusiers ensuite, dérivèrent sans doute des archers. Mais les archers existaient comme institution populaire longtemps avant la date des premiers documents qui nous sont parvenus.

Après avoir été en honneur dans toute l'antiquité, l'arc avait été négligé au moyen-âge, au moins par les gens de guerre du continent c'est-à-dire par les nobles. Cette arme qui frappait de loin répugnait à leurs idées chevaleresques. La guerre de Cent ans cependant montra à différentes reprises, à Poitiers comme à Crécy, quel parti une armée pouvait tirer des archers. L'impétueuse noblesse française fut exterminée par les manants anglais, dont les flèches savaient trouver le défaut des cuirasses.

La France se trouvait alors dans une situation terrible, ravagée de toutes parts par les irréguliers des deux armées. L'anarchie était partout ; les nobles prisonniers ou armés les uns contre les autres étaient réduits à l'impuissance ; les bourgeois, les paysans songèrent à défendre eux-mêmes le sol national.

Pour les bourgeois, l'apprentissage de l'association était fait par les communes. Déjà les milices bourgeoises avaient figuré avec honneur près des nobles dans les guerres du roi de France ; les cadres des nouvelles sociétés étaient donc tout trouvés. Les gens du peuple ne pouvaient revêtir l'armure pesante et coûteuse des chevaliers ; mais l'arc, entre leurs mains exercées, allait devenir une arme redoutable ; et les rois trouveront dans leurs plus humbles sujets un appui que la noblesse, vaillante, mais orgueilleuse et routinière, était de plus en plus incapable de leur prêter.

Charles V le comprit bien. Dès 1367, après avoir, aux États-Généraux de Chartres, examiné avec les représentants de la nation les moyens propres à assurer la défense du pays, il rendit à Sens, le 19 juillet, une ordonnance fixant l'état des archers et des arbalétriers comme service public. Un recensement devait en être fait ; tous les hommes experts à manier l'arc ou l'arbalète serviraient de professeurs aux jeunes gens pour augmenter au plus vite le nombre des gens exercés.

Il fit mieux deux ans plus tard ; il voulut que les anciens jeux de quilles, de palets, etc., fussent partout remplacés par des tirs, où la distraction serait en même temps œuvre utile ; il enjoignit de distribuer des prix pour les plus adroits. Les compagnies d'archers étaient définitivement fondées. Elles prospérèrent même si rapidement que, sous Charles VI, la royauté s'en inquiéta ; les manants, si on les laissait s'associer et prendre conscience de leur force, allaient devenir plus puissants que les nobles. Une ordonnance royale restreignit le nombre des compagnies en 1384.

Cependant, en récompense des services qu'elles avaient rendus, et en prévision de ceux que la royauté attendait d'elles encore, les différentes compagnies d'archers et d'arbalétriers reçurent de nombreux privilèges. Leurs membres furent exemptés d'une foule d'impôts ; s'ils étaient appelés à faire campagne, le trésor royal assurait leur solde. La cité dont ils faisaient partie ajoutait encore à ces avantages des indemnités pour l'embellissement de leurs locaux, pour les frais de déplacements occasionnés par les concours auxquels ils prenaient part, pour les fêtes de leurs corporations.

Ajoutons à cela la grande considération dont jouissaient les membres de ces compagnies, nommées *serments* d'archers ou d'arbalétriers, à cause du serment que prêtaient les nouveaux membres admis de respecter et de faire respecter les statuts. Dans toutes les cérémonies de la ville ils avaient une place marquée, et des plus honorables ; personnellement, chaque membre possédait un grand renom de moralité et d'honorabilité, car, avant d'être admis à faire partie du serment, il avait passé au crible d'une enquête fort minutieuse.

Enfin les bourgeois, le peuple, trouvaient là une satisfaction à ce besoin de s'associer qui domine tout l'ancien régime, où l'individualisme féroce d'aujourd'hui était inconnu. Dans ces réunions amicales souvent terminées par des beuveries rabelaisiennes, on apprenait à s'estimer mutuellement, on causait, on politiquait sans doute ; les fêtes étaient un prétexte à l'exhibition des costumes ; on processionnait à travers la ville ; enfin les concours, quelquefois dans des villes éloignées, faisaient voir du pays. Fondées dans un but de défense nationale, les compagnies d'archers et d'arbalétriers, longtemps après que l'invention de la poudre et les armées permanentes les eurent rendues inutiles à la guerre, n'en subsistèrent pas moins comme institution populaire, et furent conservées, comme tant d'autres traditions, jusqu'à la Révolution.

La Révolution les supprima, comme elle avait supprimé toutes les corporations. Leurs privilèges, leurs cérémonies, en faisaient en effet des exceptions qui choquaient l'esprit niveleur des nouveaux législateurs. D'ailleurs les gardes nationales s'organisaient partout et l'exercice des véritables armes allait bientôt remplacer ces amusements traditionnels, comme au XIVe siècle l'arc lui-même avait remplacé les quilles et les palets.

Les compagnies ou serments d'arquebusiers étaient venus beaucoup plus tard ; les armes à feu portatives n'ayant été en usage qu'au commencement du XVIe siècle, c'est à cette époque seulement que nous pouvons faire remonter la création de ces sociétés. Pour beaucoup d'entre elles, il semble que les premiers éléments furent constitués au sein des anciennes sociétés d'archers et d'arbalétriers. Les plus anciennes furent fondées par une scission dans les serments d'archers, dont quelques membres commencèrent à s'exercer avec les armes nouvelles, alors que les autres s'en tenaient à leurs exercices habituels. Plus tard, la séparation devint plus complète, et comme un essaim s'échappe d'une ruche, les arquebusiers formèrent des compagnies spéciales.

Mais il se constitua aussi d'emblée des sociétés d'arquebusiers. Plus souvent il y eut substitution et transformation complète, une compagnie d'archers devenant compagnie d'arquebusiers ; là où nous voyons ce fait se produire, c'est presque toujours lentement, deux compagnies ayant longtemps coexisté, mais la compagnie d'arquebusiers ayant fini par absorber et faire disparaître l'ancien serment d'archers dont elle a pris le nom et la place.

Reconnus par lettres-patentes de Henri II en 1559, de Henri IV en 1601 et de Louis XIII en 1612, les corps d'arquebusiers, exercés au moyen des armes usitées à la même époque dans les combats, furent considérés comme devant servir à la défense des villes, et comme tels reçurent des privilèges que Louis XIV ratifia encore en 1671 et en 1677. Par contre, à la même époque, on supprimait nombre de compagnies d'archers et d'arbalétriers, en leur ôtant leurs privilèges, sous prétexte qu'elles étaient devenues « inutiles à la guerre ».

On s'explique ainsi que les arquebusiers aient fait disparaître complètement, dans certaines villes, les archers et les arbalétriers ; la sollicitude royale accordait à ceux-là les faveurs qu'elle avait autrefois données à ceux-ci, et dans un but analogue. Corps auxiliaires de l'armée, ils continuèrent jusqu'à la Révolution à jouer un rôle actif dans les guerres ou dans les troubles intérieurs, et les différents ministres de la guerre eurent toujours à s'en occuper. On fixa même les détails des costumes, comme pour de véritables soldats. Ils furent appelés au service du gouvernement pour aider à maintenir l'ordre, en cas de tumulte ou dans les cérémonies publiques ; une compagnie d'arquebusiers parisiens joua même un grand rôle dans la semaine qui précéda la prise de la Bastille.

Des causes multiples, cependant, avaient beaucoup diminué leur nombre dans le cours du XVIIIe siècle. Le besoin d'argent se faisait vivement sentir pour les municipalités comme pour l'État ; de nombreux procès s'engagèrent entre les villes et ces compagnies privilégiées au sujet des exemptions d'impôts ; presque partout les communes obtinrent gain de cause, et les compagnies d'arquebusiers, devenues inutiles pour la défense du territoire comme autrefois les compagnies d'archers, furent supprimées. D'autre part, les dépenses excessives que leurs fêtes amenaient en ruinèrent beaucoup qui s'éteignirent ainsi dans le désastre d'une faillite ; un édit de 1735 supprima nombre de ces sociétés qui étaient un prétexte à des dépenses injustifiées. Enfin dans une grande fédération des arquebusiers de France, tenue à Châlons en décembre 1775, on recommanda aux compagnies de n'admettre dans leur sein que l'élite de la bourgeoisie, seule capable de supporter les frais que cette situation entraînait.

Comme les archers et les arbalétriers, les arquebusiers furent supprimés par la Révolution, dans un but d'égalité, et aussi parce que l'Etat, voulant avoir à sa disposition immédiate tous les gens exercés au maniement des armes, les enrégimentait dans la garde nationale.

Les cérémonies actuelles des sociétés reconstituées d'archers ou de tir au fusil peuvent ressembler aux anciennes, conservées dans chaque pays par la tradition, mais il ne saurait plus être question de privilèges, et d'ailleurs aujourd'hui des sociétés de ce genre ne peuvent avoir l'importance d'autrefois. Les relations de pays à pays sont devenues plus faciles, les distractions plus nombreuses, et le genre de vie a totalement changé. Aussi n'est-ce qu'une étude rétrospective, celle d'un organisme longtemps vivant du bon vieux temps, que nous allons esquisser à grands traits.

Nous avons vu que dès la fondation des compagnies d'archers, ou pour mieux dire, dès leur reconnaissance officielle par Charles V, des exercices continuels leur furent recommandés ; ils devaient avoir lieu dans des endroits spécialement disposés à cet effet, et des concours devaient être institués, avec prix aux meilleurs tireurs, pour entretenir l'émulation.

Les membres des sociétés de tir devaient justifier qu'ils s'exerçaient au moins une fois par mois.

Il en fut de même des arquebusiers.

Les exercices avaient lieu les dimanches et jours de fête, dans l'intervalle des offices. Ils étaient minutieusement réglés : tel coup était valable, tel autre devait être tenu pour nul. Dans ces réunions hebdomadaires, on décernait aux plus adroits des prix d'une valeur modique, tels que plats de faïence, couverts d'étain, etc.

Tous les ans, une cérémonie publique et importante réunissait tous les tireurs de la société. C'était le tir à l'oiseau ou tir au papegault ; il avait lieu le plus souvent dans un endroit découvert d'où ses péripéties pouvaient être suivies par un grand nombre de spectateurs.

La compagnie défilait en uniforme, chaque membre portant l'épée au côté et une médaille à la boutonnière. Le concours avait lieu en présence des magistrats ; le maire de la ville tirait le coup d'honneur. Le tireur assez adroit pour abattre l'oiseau recevait un prix parfois d'une assez grande valeur, et une médaille rappelant son titre de roi de l'oiseau.

Cette royauté de l'oiseau, titre commun aux trois sortes de sociétés comme d'ailleurs l'ensemble des cérémonies du concours, donnait droit pour toute l'année suivante à l'exemption de toutes tailles, et même à l'exemption du logement des gens de guerre. Dans certains pays on y ajoutait encore d'autres avantages matériels, comme le bénéfice de la vente d'une certaine quantité de vin.

Si un tireur emportait la royauté trois années consécutives, il était proclamé empereur et jouissait des privilèges de la royauté sa vie durant.

D'autres occasions cependant, plus solennelles encore, amenaient des cérémonies encore plus éclatantes : nous voulons parler des concours régionaux ou généraux.

Lorsqu'une compagnie avait obtenu du gouverneur de la province l'autorisation d'ouvrir un de ces concours, ou, comme on disait, de *rendre un prix*, elle faisait faire par des hérauts, à toutes les sociétés voisines, l'annonce de la solennité. On disait *rendre le prix* parce que la compagnie qui avait remporté le prix provincial ou général dans un concours précédent *rendait* la fête où elle avait été ainsi favorisée à ceux dont la présence avait fait briller cette fête.

Plusieurs jours avant le concours, les compagnies arrivaient, par détachements, de leurs pays d'origine. On les recevait solennellement à l'Hôtel de ville ; on leur assignait des logements. Le jour du concours, dès le matin, toutes les sociétés défilaient bannière en tête, accompagnées des autorités de la ville, et allaient entendre une messe solennelle. C'était le plus haut fonctionnaire présent qui tirait le coup d'honneur, au nom du gouverneur de la province.

Chaque tireur se présentait au *pas*, au chevalet fixant le point de départ du tir, en uniforme, l'épée au côté et la médaille à la boutonnière ; chaque détail était minutieusement réglé. Le vainqueur recevait un prix souvent important et une médaille rappelant le jour et la ville où le concours avait eu lieu.

Un concours de cette espèce prenait les proportions d'un grand événement ; les villes s'ingéniaient à imaginer des moyens d'en fixer la mémoire ; les poètes locaux le célébraient dans leurs vers ; des comptes rendus enthousiastes étaient imprimés. Quelquefois on faisait ce jour-là des mariages dont la ville fournissait les dots, etc.

Enfin les compagnies de plusieurs provinces s'unissaient parfois pour donner un prix général. Les arquebusiers de l'Ile-de-France, de la Picardie, de la Brie et de la Champagne s'étaient d'ailleurs associés depuis longtemps pour donner des prix généraux. Les statuts prescrivaient que la solennité aurait lieu alternativement dans une ville désignée à l'avance. La ville choisie devenait dépositaire d'un gage d'armes appelé *bouquet*. Elle s'engageait *à rendre* le prix dans un temps déterminé, et, une fois rendu, elle fournissait le bouquet à celle qui devait rendre le prix pour le concours suivant.

A Chauny, en 1680, on décida que le bouquet serait chaque fois transporté dans une ville d'une généralité différente ; ce qui obligea les compagnies à se déplacer non en corps, mais par délégations de leurs meilleurs tireurs.

En 1775 fut conclu le *Concordat général de l'Arquebuse Royale de France,* par une assemblée des capitaines des compagnies des différentes villes de Brie, de Picardie, de l'Ile-de-France et de la Champagne. Les sociétés y furent représentées en très grand nombre.

Il est resté peu de monuments des anciennes sociétés de tir ; les monuments numismatiques, entre autres, sont fort rares. Cependant la multiplicité de leurs espèces laisse supposer qu'un grand nombre de jetons ou médailles furent autrefois frappés par ces sociétés. Mais en 1793, un décret de la Convention ayant ordonné la destruction « de tous les emblèmes de féodalité », tout porte à croire que ces médailles, déposées chez de simples bourgeois, furent immédiatement sacrifiées. De là vient sans doute le petit nombre que nous en avons de chaque espèce. De plus, leur provenance n'ayant été entourée d'aucun renseignement certain, l'usage et la destination de la plupart de ces jetons et médailles ne peuvent s'établir que par des suppositions plus ou moins fondées. Nous allons toutefois donner celles qui nous paraissent le plus vraisemblables.

Nous avons vu que l'accès de ces compagnies était entouré de formalités minutieuses, enquête, serment, etc. En faire partie équivalait donc à un certificat d'honorabilité. Rien d'étonnant à ce que chaque membre fût gratifié d'une médaille, sorte de diplôme lui assurant son titre. Cette médaille, se portait à la boutonnière dans les solennités du tir au papegault et des concours provinciaux ou généraux.

Mais l'admission à une compagnie entraînait pour chaque membre l'obligation de s'exercer un certain nombre de fois — une fois par mois au moins, disait l'ordonnance de 1677 sur les arquebusiers.

On dut donc donner aux archers, aux arbalétriers et aux arquebusiers des jetons attestant leur présence aux exercices. Ces jetons, simples et sans belière, étaient conservés par le membre de la compagnie et comptés sans doute par le trésorier à des époques déterminées.

Le roi de l'oiseau, l'empereur, recevaient une médaille en souvenir de leur victoire.

Cette médaille, quelquefois remplacée par un insigne en forme de croix ou d'autre modèle, se portait souvent aussi à la boutonnière.

Enfin les concours régionaux ou généraux purent donner naissance à trois sortes de monuments numismatiques :

D'abord les médailles décernées en prix aux vainqueurs et d'autres, sans doute de valeur proportionnée, pour les prix suivants ;

Puis la compagnie à laquelle le vainqueur appartenait recevait parfois une médaille de très grand module, qu'on accrochait à la bannière dans les solennités où elle paraissait ensuite ;

Enfin des médailles ou jetons commémoratifs distribués à toutes les sociétés ou même à tous les tireurs qui avaient pris part au concours.

Telles sont les grandes divisions qu'on pourrait établir entre les différentes espèces dont nous allons donner la description. Nous avons toutefois préféré les ranger par villes, pour en faciliter l'énumération et pour substituer une classification certaine à une classification conventionnelle fondée sur des hypothèses, si légitimes soient-elles.

Pour ne pas étendre outre mesure cette introduction, et pour éviter en même temps de fatigantes répétitions, nous avons aussi renvoyé à l'article de chaque ville les quelques détails historiques que nous avons pu recueillir.

Il y a cependant une question que nous traiterons à part d'une façon générale, parce qu'elle intéresse à la fois toutes les sociétés : nous voulons parler des patrons adoptés par les compagnies.

Les Patrons des anciennes Sociétés de Tir

Saint Sébastien était le patron de la plupart des compagnies d'archers. Son supplice, très connu, avait naturellement servi de prétexte. Nous citerons parmi les compagnies placées sous son patronage : Abbeville, Soissons, Saint-Quentin, Beaune, etc.

Nous placerons ici la description d'une croix très curieuse (1) adoptée comme insigne uniforme par les compagnies d'archers des provinces réunies d'Ile-de-France, de Picardie, de Champagne et de Brie.

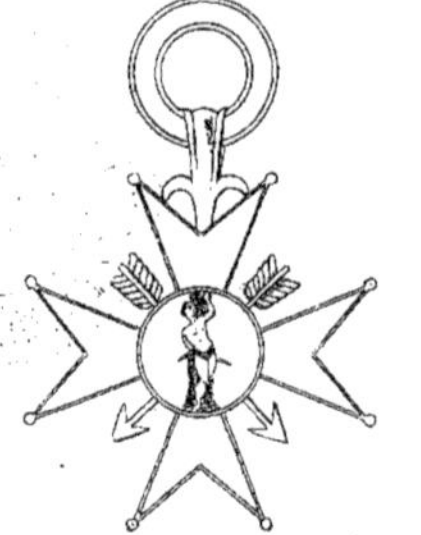

D'un côté est un saint Sébastien en or, sur un fond d'émail bleu, et de l'autre un arc, un carquois et une flèche en sautoir. La croix, émaillée de blanc, comme celle de l'ordre de Saint-Louis, porte dans

(1) Collection de M. le comte de Marsy à Compiègne. Nous en connaissons également une variété plus petite, grâce à l'obligeante communication de M. Moreau-Nélaton, de Paris.

ses cantons des flèches au lieu de fleurs de lis. Elle était suspendue à la boutonnière par un ruban rouge liseré de blanc (1).

On peut, du reste, voir cette décoration suspendue à un collier sur le jeton de M. Guyot de Chenisot, lieutenant-colonel de l'arquebuse de Paris en 1782.

Sainte Christine fut plus rarement choisie. Nous n'en avons qu'un seul exemple, Amiens. Elle aussi acheva son martyre en périssant sous les flèches.

Sainte Barbe était la patronne des canonniers-arquebusiers, comme elle est restée la patronne des artilleurs. Son père, qui l'avait lui-même décapitée, fut consumé par la foudre. Cette analogie assez éloignée l'a-t-elle fait choisir pour patronne par les soldats qui maniaient les armes à feu, dont l'effet fut toujours comparé à la foudre ? Nous la trouvons seulement sur les médailles de Saint-Quentin et d'Arras.

Saint Antoine était quelquefois choisi par les arquebusiers, principalement dans l'Est. Nous le trouvons à Nancy, à Troyes, à Reims.

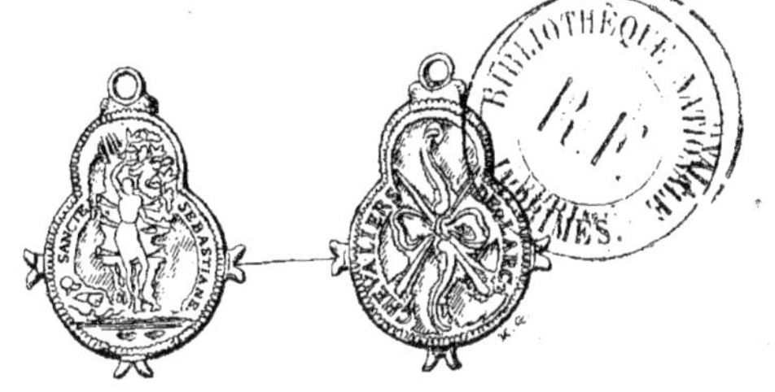

(1) *Almanach des compagnies d'arc, arbalète et arquebuse ou les Muses chevalières pour l'année 1789*. Paris, 1789, p. 46. — Steenackers, *Histoire des Ordres de chevalerie et des distinctions honorifiques en France*, 1867, p. 146. — Dinaux (V.), *Sociétés badines*, Paris, 1867, t. I, p. 43. — Janvier (A.), *Notice sur les anciennes corporations d'archers, d'arbalétriers, de couleuvriniers et d'arquebusiers des villes de Picardie*, Amiens, 1855, p. 75. — Le chevalier Jacob. *Recherches historiques sur les croisades et les templiers*, Paris, 1828. — *Revue nobiliaire, historique et biographique*, publiée par Bonneserre de Saint-Denis et Sandreh, Paris, 1878. p. 261 (vignette).

Concours régionaux et provinciaux
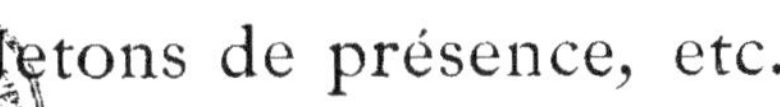
Jetons de présence, etc.

Abbeville

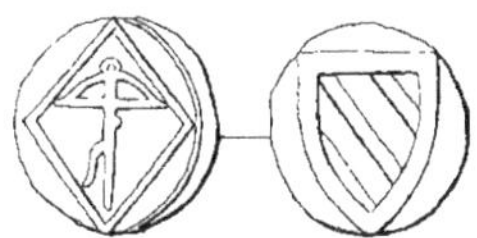

N° 1. — Arbalète.
℞ Écusson à six bandes (Armes de la ville).
Méreau de plomb trouvé à Thérouanne. 18 mm.
Coll. Alb. Legrand, à Saint-Omer. — Musée de Saint-Omer.

Revue de Numismatique belge, 4e série, t. V (1867), p. 119 et pl. II. N° 2.

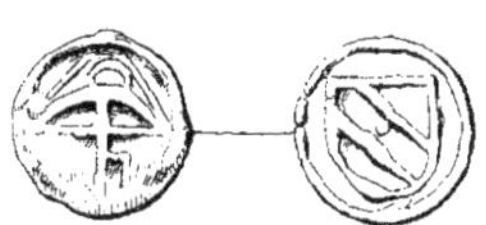

N° 2. — Autre variété.
Méreau de plomb. 17 mm.

Amiens

N° 3. — Écusson chargé de cinq flèches verticales, dont trois ont le fer en bas et deux le fer en haut, avec la devise : CES PAR PLAISANCE.

℟ SAINCTE CRISTINE. Femme assise, les jambes écartées, sur un tronc d'arbre et percée de plusieurs flèches.

Méreau de plomb.

Coll. de la *Société des Antiquitaires de Picardie.*

C'est le seul exemple où nous ayons trouvé sainte Christine comme patronne des archers.

La célèbre compagnie d'archers d'Amiens, supprimée comme toutes les autres par la Révolution, fut rétablie presque immédiatement après (20 brumaire an XIV), sous le nom de Compagnie fondamentale. Ses statuts, probablement reproduits d'après les anciens, sont analogues à ceux dont nous avons parlé pour toutes les sociétés de ce genre. Le tir à l'oiseau a lieu à la perche, le premier dimanche du mois d'août.

Le tir à l'arc est resté fort en honneur à Amiens, et, en 1855, quatre sociétés, d'ailleurs relativement récentes, en perpétuaient la tradition.

Rigollot et Leber. *Monnaies inconnues des Évêques des Innocens, des Fous, etc.* Amiens, 1837, p, 135 et pl. 31. N° 85. — Janvier. *Notice sur les anciennes corporations d'archers, d'arbalétriers, de coulevriniers et d'arquebusiers des villes de Picardie.* Amiens, 1855, p. 92.

Arras

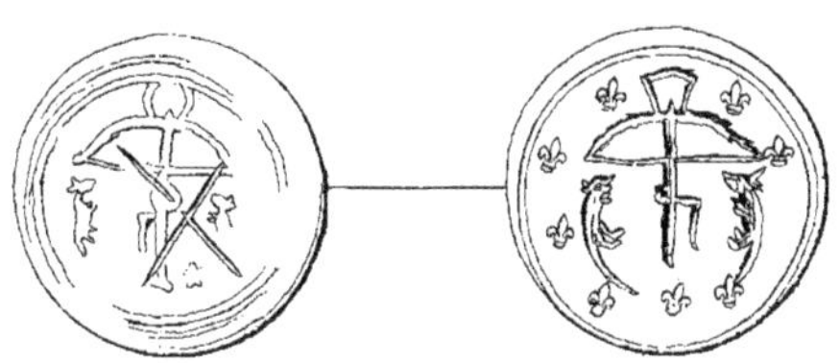

N° 4. — Arbalète entre deux rats.

℟ Arbalète entre deux rats, entourée de neuf fleurs de lis. L'arbalète et les rats sont gravés au burin et les lis sont poinçonnés.

Cuiv. 30^{mm}.

Coll. Feuardent.

N° 5. — Sainte Barbe, tenant la palme du martyre, debout, à gauche ; à ses pieds, un rat ; derrière elle, une tour.

Plaque gravée en cuivre. 60 ^{mm}.

Notre collection.

Auxonne

N° 6. — La ville distribuait à l'empereur une médaille de 50 écus sur laquelle on lit : NEC FULMINA TERRENT, et au roi une médaille d'argent de 20 écus ; elle devait passer de droit à celui qui abattait l'oiseau l'année suivante. Les officiers municipaux, pour augmenter l'émulation et diminuer les exempts, offraient une médaille de 30 l. à celui des chevaliers qui devenait roi immédiatement après celui qui l'avait été deux fois de suite.

Courtépée (l'abbé). *Relation du grand prix rendu à Beaune en août 1778*, Dijon, 1779, p. 76 et 77.

Nous n'avons pas retrouvé ces médailles.

Les privilèges de la *Société d'arquebusiers d'Auxonne* remontaient à 1525. Ils s'étaient signalés au siège d'Auxonne par Lannoi, et au siège de Dôle en 1636.

♣

Beaune

N° 7. — Une médaille d'or fut distribuée au tir de 1778 comme 1er prix à Pierre Margot, chevalier de Mâcon.

Courtépée, p. 45. — Janvier 1875, p. 93.

152 tireurs, venus de 16 villes différentes, avaient concouru pour ce prix. Les fêtes avaient été fort brillantes. Beaune, ayant remporté le prix à Tournus en 1753, n'avait cependant obtenu de rendre ce prix en 1778 que grâce au passage de Monsieur, qui fut accompagné sur la route, à travers tout le territoire de la ville, par la compagnie des archers en uniforme.

♣

Besançon et Bourges

Voyez *Supplément*.

Béthune

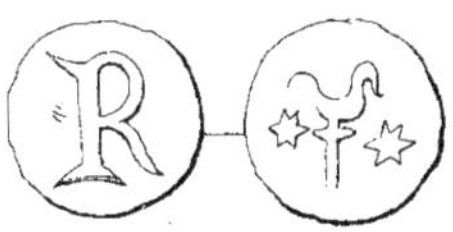

N° 8. — La lettre R qui est l'initiale du roi.

℟ Entre deux étoiles à six rayons, un oiseau ou coq à dr., posé sur une perche.

Plomb. 18 mm.

Dancoisne. *Numismatique béthunoise*, p. 96 (Vignette).

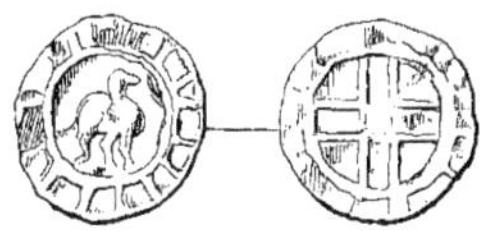

N° 9. — Coq regardant à dr. dans un cercle rayonné. ℟ Large croix.

Plomb. 18 mm.

Musée de Saint-Omer.

Dancoisne, pl. IX, n° 6.

N° 10. — Coq marchant à g. dans un encadrement orné.

Plomb ovale.

Musée de Saint-Omer.

Dancoisne, pl. IX, n° 7.

Cambrai

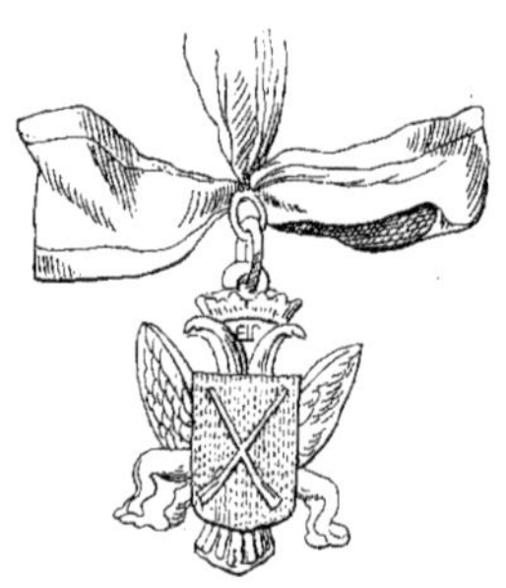

N° 11. — Aigle impérial surmonté d'une couronne et portant *un écusson* à deux arquebuses en sautoir.

℞ Dans le champ : PRIX DE CAMBRAI, 1786.

Cette décoration, attachée à un ruban par un anneau fixé au-dessus de la couronne, fut gagnée par un canonnier-arquebusier de Saint-Quentin au tir de 1786.

Coll. Gentil-Descamps, Lille. — Coll. Delattre, Cambrai (Exemplaire en fer).

Les plus anciens titres de la compagnie de l'arquebuse de Cambrai sont de 1428. Dans les cérémonies, deux pièces de canon précédaient le défilé des arquebusiers. — Voyez encore supplément.

Lecocq (G.) *Histoire de la compagnie des canonniers-arquebusiers de la ville de Saint-Quentin*, p. 167 (Vignette) et 175. — Janvier, 1875, p. 69. — Sandret, *Revue historique*, 1878, p. 262 (Vignette).

♣

Chagny

Voyez article *Nuits*.

Châlons-sur-Marne

N° 12. — LUD. XV. REX CHRISTIANISS. Buste cuirassé et lauré du roi à droite. Coin de Marteau.

℞ PRIX GENERAL DE LA VILLE DE CHAALONS 1754. Écusson orné, surmonté d'une couronne, entre une branche de laurier à g. et une palme à dr., dessous banderole avec DECUS ET HONOR au-dessus d'une arquebuse et d'une épée croisées.

Arg. 30mm.

Musée de Soissons.

N° 13. — Même pièce en cuivre.

Coll. A. de Barthélemy et Richard, Paris.

N° 14. — DECUS . ET . HONOR. Écusson de la ville sur un cartouche couronné ; au-dessous un panton et une butière, une épée et deux drapeaux posés en sautoir.

℞ Dans le champ : PRIX GENERAL A CHAALONS LE 10 SEPBRE 1754.

Plomb à bélière, 27 1/2mm.

Musée de Châlons-sur-Marne.

Coll. A de Barthélemy et notre collection.

Exemplaire en argent de la coll. Deullin d'Epernay cité par Denis. Janvier 1875, p. 99.

La compagnie des arquebusiers de Châlons obtint ses privilèges de Charles VII le 17 octobre 1437. A ce prix général de 1754, les Châlonnais donnèrent comme bouquet aux Saint-Quentinois une pendule monumentale au mécanisme compliqué, d'une très grande valeur, encore conservée aujourd'hui dans la salle des mariages de l'Hôtel-de-Ville de Saint-Quentin. Nous voici loin de la simplicité primitive, et on s'explique bien ce que nous avons dit au sujet des dépenses considérables qui amenèrent les embarras financiers, puis la suppression de ces compagnies prodigues.

♣

Chalon-sur-Sâone

N° 15. — Sa compagnie d'archers datait de 1427, et sa compagnie d'arquebusiers de 1601.

On décerna au grand prix tiré en 1728 deux médailles d'or aux vainqueurs parce que le vainqueur du prix, Thévenot, était précisément le Chalonnais qui avait emporté le prix à Nuits au concours précédent en 1723. Chalon rendant le prix ne pouvait, d'après les règlements, recevoir deux fois de suite cette distinction ; on céda donc le trophée du concours à Cadot puîné, de Mâcon, qui avait obtenu le 2me prix, et qui reçut ainsi la médaille d'or. Mais Thévenot en reçut aussi une de sa compagnie. D'où les deux médailles d'or, sans doute pareilles.

Courtépée, *Relation du grand prix rendu à Beaune en août 1778*, Dijon, 1779, p. 66. — Fouque, *Recherches historiques sur les corporations des archers, des arbalétriers et des arquebusiers*, Chalon-sur-Saône, p. 282.

♣

Chambéry

N° 16. — Écusson chargé de deux arquebuses, posées en sautoir, et soutenu par deux lions ; au-dessus couronne ducale avec banderole portant la légende : SOLI VICTORI.

Méd. d'argent donnée comme prix de tir en 1784.

Cette compagnie des Chevaliers tireurs fut fondée en 1509 par les ducs de Savoie.

A. Perrin, *La Bazoche, les Abbayes de la jeunesse et les compagnies de l'arc, de l'arbalète et de l'arquebuse*, Chambéry, 1865, in-8°. — Delaunay, p. 96 (Vignette). — Lermusiaux et Tavernier, *Pour la Patrie !* Paris, 1886, p. 601 (Vignette).

♣

Charenton

N° 17. — LUD. XV. REX CHRISTIANISS. Buste du roi à dr. Coin de Duvivier.

℟ ARTIS COLLIMANDI PRÆMIUM. Deux arquebuses passées en sautoir et liées par un ruban ; au-dessus une couronne de laurier et au-dessous : CHARENTON.

Cuiv. rouge de frappe moderne. 31mm.

Coll. Feuardent.

Coins à la Monnaie de Paris.

La compagnie de la Ferté-Milon avait, en 1700, remporté le prix au tir de Charenton.

Ces arquebusiers paraissent ne plus avoir existé en 1778.

♣

Charleville

N° 18. — SOLVS. DEDIT. SOLVS. PROTEGIT. Cartouche portant un écusson ovale (main tenant un glaive, une palme et une branche de laurier, en haut à la pointe du glaive un soleil coupant le nom de la ville : CHARL EVILLE).

℟ AV. PRIX. GENERAL. DE. CHARL EVILLE. 1671.

Cuivre 29mm.

Cabinet de France. — Coll. Husson, Blanchet, Richard.

La compagnie d'arquebuse, établie par lettres patentes de 1611, était sous la protection de la Maison de Condé au xviiie siècle.

♣

Chaumont

Voyez article *Nuits*.

♣

Clermont-Ferrand

N° 19. — ANTE. TORMENTA. SAGITÆ. CLAR. ARVE. sur une banderole. Ecusson ovale à une dextrochère naissante, tenant une balance, surmonté d'un heaume et appuyé sur des trophées ; dans le haut, arc et flèche posés en sautoir entre deux carquois.

℟ Saint Sébastien debout percé de flèches et s'appuyant contre un arbre ; à ses pieds un arc et un carquois.

Médaille ovale gravée en argent doré trouvée à Clermont-Ferrand. Bélière portant les initiales E. D. XVIIe siècle. 14 gr. 41 × 34^mm.

Coll. de M. le Dr Dourif à Clermont.

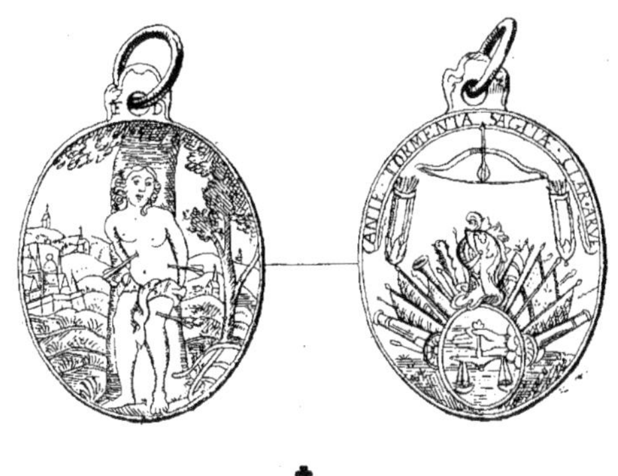

Compiègne

N° 20. — LUDOVICUS. XV. REX. CHRISTIANISSIMUS. Buste juvénile à longue chevelure, portant cuirasse et draperies, et tourné à dr.

℟ PRIX GENERAL DE COMPIEGNE 1729. Écu aux armes de Compiègne (d'argent au lion d'azur semé de fleurs de lis d'or et couronné) sur un cartouche couronné ; dans le bas deux arquebuses posées en sautoir. Sur le cartouche : I B, initiales du graveur Leblanc.

Cuiv. 32^mm.

Coll. J. du Lac.

Coins à la Monnaie de Paris.

48 compagnies assistaient à ce prix général de 1729. La fondation de la compagnie de l'arquebuse de Compiègne avait sans doute eu lieu à une date très ancienne, mais les documents n'ont pas été conservés.

Gomart, *Études Saint-Quentinoises*, t. II, p. 268. — Janvier, 1875, p. 99. — Du Lac (J.), *Notes sur quelques médailles et jetons relatifs à la ville de Compiègne* (*Bull. de la Soc. histor. de Compiègne*, t. I, pp. 141 et suiv.).

♣

Corbeil

N° 21. — LUD. XV. REX. CHRISTIANISS. Tête laurée du roi à dr. Coin de Marteau.

℞ COR BELLO PACE Q : FIDUM. Écu (1) chargé d'un cœur, sur un cartouche couronné et adossé à des arquebuses et des drapeaux ; à l'exergue : ARQUEBUSE DE CORBEIL 1757.

Cuivre, 28 1/2^{mm}.

Coins à la Monnaie de Paris.

Notre collection et coll. Poncet.

N° 22. — LUD XV REX CHRISTIANISS. Buste du roi drapé et lauré à dr. Coin de Rœttiers fils.

Revers précédent.

Arg. 28 1/2^{mm}.

Collection Feuardent.

N° 23. — LUD. XVI. REX CHRISTIANISS. Buste du roi à dr. Coin de Gatteaux (?).

Revers semblable au précédent, mais avec le millésime 1782 et l'écu pointillé.

(1) Armes de Corbeil : D'azur au cœur de gueules chargé d'un lis d'or. La devise : COR BELLO PACEQVE FIDUM des arquebusiers est devenue celle de la ville.

Cuivre, 29mm.

Notre collection. — Coins à la Monnaie de Paris.

N° 24. — Variété avec la tête du roi à dr., les cheveux liés.

Coin de Duvivier (?).

Revers précédent.

Cuivre 29mm.

Coll. Feuardent.

La compagnie d'arquebusiers de Corbeil fut instituée par Henri III en 1579.

Coulommiers

N° 25. — Avers précédent légèrement varié.

Coin de Duvivier.

℞ ARQUEBUSE DE COULOMMIERS. Cartouche aux armes de Montesquiou-Fezensac couronné et adossé à deux arquebuses.

Cuivre. 31 mm.

Notre collection et coll. Madoulé.

N° 26. — LUDOVICUS XVI REX CHRISTIANISS. Buste du roi à dr., dessous DUVIV.

Revers précédent.

Arg. 31mm.

Coll. Feuardent.

La compagnie d'arquebusiers fut érigée par lettres-patentes du 7 sept. 1580.

Anne-Pierre de Fezensac, marquis et baron de Montesquiou, seigneur châtelain de Coulommiers et autres lieux, capitaine des chasses de la capitainerie royale de Senart, était colonel de cette compagnie sous le règne de Louis XVI.

Crépy-en-Valois

N° 27. — Croix dont les branches sont cantonnées d'un carquois et d'un arc ; au centre Saint Sébastien debout percé de flèches et s'appuyant contre un arbre ; à ses pieds un arc ; au revers CREPY EN VALLOI 1786.

Arg. 5 gr. 7. Diamètre : 35 × 31mm.

Coll. Delinge.

La compagnie de l'arc de Crépy, ancienne et la plus renommée du Valois, où ces sociétés étaient fort nombreuses, ne jouit pourtant de ses privilèges que jusqu'en 1625. A cette époque, un arrêt de la Cour des Aides de Paris restreignit au seul roi de l'oiseau les exemptions de tailles et subsides dont tous les membres de la compagnie avaient profité jusqu'alors « attendu que l'arc ne servait plus à la guerre ».

Janvier, 1855, p. 205.

♣

Dijon

N° 28. — ANIMI PRETIUM. A l'exergue : SIÈGE : DE . BESANÇON . MDCLXXIV. Au milieu d'un camp, Louis XIV à cheval, suivi de son état-major, remettant une épée à un officier qui a déposé son arquebuse à terre.

℞ NON SEMEL TERRUIT HOSTES (1). Armes de Dijon couronnées.

Or, arg. et cuivre.

Fouray de Boisselet, *Recueil de jetons appartenant à la Franche-Comté de Bourgogne*, Commentaire. Besançon, 1873, p. 10 et pl. XXXVII.

La corporation des arquebusiers fut instituée en 1525. Elle s'était signalée au siège de Besançon en 1674 ; Louis XIV l'y avait récompensée. Depuis cette époque, elle donnait en prix, au roi de l'oiseau, la médaille que nous venons de décrire. Louis XV confirma ses privilèges en 1746 et accorda une médaille d'argent de 40 l. Sur la représentation des maire et échevins de Dijon, du 6 juillet 1747, le comte de Saint-Florentin, après avoir pris les ordres du roi, les autorisa, par sa lettre du 12 du même mois, à donner une médaille en or, préférablement à celle en argent, pourvu que sa valeur ne dépassât pas la somme de 40 l.

Courtépée, pp. 24, 25 et 56. — A. Girault, *Essais historiques et biographiques sur Dijon*, 1814, p. 46. — Fouque, p. 78. — Delaunay, p. 49. — Janvier 1875, p. 99.

N° 29. — INVITANT PRETIIS ANIMOS. Compagnie de l'arquebuse de Dijon.

Médaille du XVIIIe siècle.

Chassant et Tausin, *Dictionnaire des devises historiques et héraldiques*, Paris, 1878, in-8°, p. 158.

♣

Etampes

N° 30. — ARQUEBUZE ROYALE D'ETAMPES. Une arbalète et une arquebuse en sautoir dans une couronne de lauriers, suspen-

(1) Devise qui se rapporte à la seconde conquête de la Franche-Comté.

dues par une écharpe au-dessous d'une petite cible. Exergue : Au CHEVALIER EMPEREUR.

℟ VILLE D'ETAMPES. Le château des armes d'Etampes (trois tours crénelées, accolées ensemble et finissant en cul-de-lampe ; celle du milieu, plus haute et plus basse que les deux autres, est chargée dans le haut d'un écusson rond aux armes de France) entre une branche de lauriers et une branche de chêne reliées à leur base par un ruban.

39mm.

Coins à la Monnaie de Paris.

N° 31. — Pièce semblable à la précédente d'un module plus petit, mais portant à l'exergue : AU CHEVALIER VAINQUEUR.

32mm.

Coins à la Monnaie de Paris.

Les arquebusiers d'Etampes se joignirent aux arbalétriers au milieu du XVIe siècle ; ils furent en effet établis dans cette ville par le roi Henri II, suivant lettres-patentes du 21 mai 1549, octroyant aux vainqueurs des prix et des exemptions diverses d'impôts.

Armes actuelles : de gueules au château d'or, massonné de sable, chargé d'un écusson des armes de France, écartelé de gueules à une tour crénelée d'argent.

♣

Guise

N° 32. — D'après l'Almanach de Picardie le roi de l'oiseau recevait, pour marque de sa dignité, une médaille sur laquelle on lisait : DONNÉE PAR SON ALTESSE ROYALE M. LE PRINCE DE CONDÉ DUC DE GUISE.

La compagnie d'archers fut créée en 1510 par Cécile de Lorraine, reine de Sicile, etc. Les archers de Guise passaient pour les plus habiles de la Picardie.

Janvier 1855, p. 198 et 1875, p. 99.

♣

La Ferté-sous-Jouarre

N° 33. — LUD . XV . REX . CHRISTIANISS. Tête au bandeau de Louis XV à droite. Coin de Marteau.

℟ PRIX PROVINCIAL DE LA FERTE SOU JOUARRE. Cartouche couronné aux armes de la Rochefoucauld posé sur deux fusils et deux épées; dans le bas : 1766.

Arg. 31mm.

Coins à la Monnaie de Paris.

Coll. A. de Barthélemy, Madoulé, etc.

N° 34. — Variété.

Arg. 31mm.

Musée de Soissons.

N° 35. — Variété. Buste du roi à droite.

Coin de Rœttiers fils.

Arg. 31mm.

Notre collection.

N° 35 *bis*. — Variété. Buste du roi à dr.

Coin de Duvivier.

℟ Même type et mêmes légendes, mais avec SOUS JOUARRE.

Arg. 30^{mm}.

Coll. A. de Barthélemy.

N° 36. — LUD . XVI . REX CHRISTIANISS. Buste du roi à gauche.

Coin de Trebuchet.

Revers précédent.

Arg. 31^{mm}.

Musée de Soissons. Coll. A. de Barthélemy.

La compagnie d'arquebusiers, très ancienne, possédait des titres de Henri III confirmant ses privilèges. Le duc de la Rochefoucauld en était le colonel sous les règnes de Louis XV et XVI.

♣

Laon

N° 37. — LVDOVICVS MAGNVS REX, Tête vieille à droite.

℟ PRIX . GENERAL . DE . LA . VILLE . DE . LAON . 1700. Armes de la ville.

Cuiv. jaune, 31^{mm}.

Cabinet de France et coll. David.

La compagnie de l'arquebuse, autorisée en 1614 par lettres-patentes, possédait de nombreux privilèges ; les exemptions d'impôts dont elle jouissait devinrent à la longue si onéreuses pour les finances de la ville, qu'en 1734, sur la plainte de la municipalité, le roi la supprima. Elle avait rendu ce prix général le 20 juin 1700.

Le Plessis-Brion

N° 38. — . CHEVALLIER . DV . PLESSIER . BRION. Armes du seigneur du Plessis sur un cartouche couronné; dans le bas : 1725.

℟ SANTVS . SEBASTIANUS . ORA . PRO . NOBIS. Le saint attaché à un arbre.

Méd. ovale à bélière.

Cuivre, 35 × 25^{mm}.

Coll.ᵒⁿ Mazière à Noyon.

Le Plessis-Brion, commune du canton de Ribécourt dans l'Oise, possède aujourd'hui une société moderne de tir à l'arc ; mais on voit d'après notre description qu'elle avait une devancière au XVIIIe siècle. Cette ancienne compagnie d'archers est ignorée de tous les auteurs ; nous sommes heureux d'offrir ici une preuve de son existence.

♣

Lunéville

N° 39. — Croix de Jérusalem « de vermeil doré » sur laquelle étaient représentés d'un côté saint Léopold et de l'autre saint Charles, avec deux arquebuses en sautoir.

Cette société d'arquebusiers fut formée en 1718. Le duc Léopold de Lorraine donna cette croix à leurs officiers, par décret du 26 mars 1719.

Bibl. nationale, Paris, *Coll. de Lorraine*, vol. 465. — Fourier de Bacourt (Cte E.), *Les Sociétés de tir et les milices bourgeoises dans l'ancien duché de Lorraine et Barrois* (*Mémoires de la Société des lettres, sciences et arts de Bar-le-Duc*, 3e série, t. IV, 1895, p. 95).

♣

Lyon

ARCHERS

N° 40. — DEXTERITATI . DEBITA . MERCES. Renommée volant à dr., sonnant de la trompette et tenant une palme ; au-dessous deux arcs et une flèche couchés sur un terrain couvert de gazon.

℟ Deux arcs passés en sautoir sur une flèche posée en pal, la pointe en bas. A l'exergue : ACADEM . SAGITTAR . LVGDVN.

Arg. 29^{mm}.

Notre coll. et coll. Poncet et David.

Coin du revers à la Monnaie de Paris portant l'inscription : A. LEBRVN FILS . LE (1).

Ces jetons seraient-ils ceux dont les quarrés furent envoyés à Paris en 1717 ? (2).

N° 41. — VICTORI . PRAEMIA . PONIT. Écusson ovale aux armes de Lyon, placé sur un cartouche que soutient une console et qui a pour tenants les figures allégoriques debout du Rhône et de la Saône ; en haut et en bas du cartouche une tête enguirlandée.

(1) Voyez sur cette famille de graveurs : Rondot, *Les graveurs de monnaies à Lyon*, Mâcon, 1897, p. 66.

(2) Poncet, *Recherches sur les jetons consulaires de la ville de Lyon*, Lyon, 1883, p. 106.

℞ DARE . VVLNERA . POSSVMVS . HOSTI. Apollon à demi nu debout, portant un carquois, tenant de la main dr. une flèche et s'appuyant de la gauche sur un arc ; à droite une lyre couchée, à gauche l'oiseau sur le sommet d'une perche entourée d'arbres et de plantes et posée sur un monticule, au pied duquel est couché le serpent Python. Apollon regarde et tient la flèche vers l'oiseau. A l'exergue : ACAD . LVGD . SAGIT. et rinceaux.

Arg. 30mm.

Coll. Poncet et Feuardent.

XXe Fête fédérale de l'Union des Sociétés de gymnastique de France, Lyon, 1894, p. 10. *Les anciennes sociétés lyonnaises d'archers et d'arquebusiers*, par A. Bleton, p. 11 (Vignette).

Ces jetons furent probablement frappés vers 1745 pour les « chevaliers de l'arc en main » de Lyon (1).

N° 42. — DEXTERITATI DEBITA MERCES. Renommée volant à g. sonnant de la trompette et tenant une palme ; au-dessous arc, carquois et flèche posés sur un roc et L . L . initiales du graveur, L. Léonard.

℞ Arc, carquois et branches de laurier et de palmiers et flèches suspendus et attachés à un rinceau par un anneau ; à l'exergue : ACADEM . SAGITTAR . LVGDVD.

Arg. 30mm.

Cabinet des médailles de la ville de Lyon et coll. David et Florange.

La compagnie d'archers était celle des Chevaliers de l'Arc, érigée en compagnie par Charles VII en 1431. Confrérie religieuse autant que compagnie bourgeoise, elle formait une sorte de corps de police et comprenait d'ailleurs depuis 1498 à la fois des archers et des arbalétriers.

(1) Poncet, p. 101 et 107.

ARQUEBUSIERS

N° 43. — Avers du n° 41.

℟ ET JOCIS ET BELLO. Deux arquebuses posées en sautoir, liées à une lance de joûte en pal terminée par une fleur de lis et ornée d'un guidon (1) aux armes de Lyon ; à dextre, une cible ; dans le fond, un paysage offrant peut-être le lieu des exercices ; à sénestre, un rocher fortifié de tourelles ; de l'une d'elles s'échappe une fumée produite par la détonation d'une arme à feu ; à l'exergue : ACAD LUGDUNENSIS SCLOPETARIA 1741. Coin de Dubois.

Arg. 30^{mm}.

Notre collection. — Coll. Feuardent, Koechlin, de Varax, etc.

N° 44. — Même pièce, mais sans légende à l'avers.

Arg. 30^{mm}.

Coll. Feuardent, Poncet et de Varax.

N° 45. — Écusson de la ville sur un cartouche enguirlandé, orné et surmonté d'un petit médaillon au buste de Louis XV tourné à g.

Revers du n° 43.

Arg. 30^{mm}.

Coin de 1745 ou 1748 (?).

Coll. Feuardent, Poncet et de Varax.

N° 46. — Même pièce en cuivre.

Notre collection.

N° 47. — Écusson aux armes de la ville, sur un cartouche contourné ayant pour tenants les figures allégoriques du Rhône assis et de la Saône couchée ; à l'exergue : deux palmes nouées.

(1) Étendard carré damas cramoisi brodé en or, sur lequel un lion bordé d'or (Delaunay, p. 358).

℟ du n° 43.
Arg. 30^{mm}.
Coin de 1757 (?)
Coll. Koechlin et de Varax.

N° 48. — Variété. Le cartouche se termine en haut par une petite coquille enflammée et une branche d'olivier.
Arg. 29^{mm}.
Coin de 1763.
Notre collection et coll. de Varax, etc.

N° 49. — Variété avec la coquille légèrement plus grande.
Arg. 31^{mm}.
Coin de 1769.
Notre collection et coll. Feuardent, de Varax, etc.

La compagnie d'arquebusiers de Lyon faisait remonter son origine à 1498, mais il est probable que ce corps se détacha de la compagnie des archers à l'époque de l'invention de la poudre. Quand ils se rendaient au concours pour le prix royal de l'arquebuse, ils marchaient aux frais du roi, sur le pied d'une compagnie de cavalerie. Ils rendirent brillamment deux fois le prix : en 1701 et 1738.

♣

Mâcon

N° 50. — LUDIMUS SED METUAT HOSTIS. Cupidon tirant la flèche.
℟ DEDERUNT MATISCONENSIS ANNO 1731. Les armoiries de la ville (d'azur à trois annelets d'or posés 2 et 1).
Or.

Description communiquée par l'archiviste de Tournus.

Bernais, *Recherches sur les chevaliers de l'Arquebuse et sur les chevaliers de l'Arc de Tournus*, p. 29.

La société d'arquebuse, établie par le maréchal de Tavannes en 1560, se distingua souvent dans la défense de cette ville.

En 1731 les Mâconnais rendirent le prix qu'ils avaient gagné à Chalon-sur-Saône en 1728.

Le tir commença le 20 août et dura quatre jours.

Le prix fut gagné par l'un des chevaliers de la ville de Tournus, le sieur Gemeau, lequel le pendit à son cou.

En juillet 1777, ayant accompagné Monsieur, au nombre de 50, sur la route de Mâcon, ils obtinrent la permission de s'intituler Volontaires de Monsieur.

Courtépée, p. 98.

♣

Meaux

N° 51. — LUD . XV . D . G . FR . ET . NAV . REX. Buste jeune du roi à droite, vêtu à l'antique et la tête laurée. Au-dessous : I B.

℞ ✠ PRIX . GENERAL . DE . LA . VILLE . DE . MEAUX . 1717. Écusson de la ville (partie de gueules et de sinople à l'eme à l'antique surmontée d'une couronne de marquis d'or) sur un cartouche surmonté d'une couronne.

Cuiv. jaune 30mm.

Cabinet de France à la Bibl. nationale. — Notre collection.

Lefebvre, *Jetons inédits de la ville de Meaux* (*Revue franç.*, 1866, p. 143 et pl. VI, n° 6).

La compagnie avait des privilèges datant de 1556. Elle rendit un prix provincial le 28 août 1717 et un autre le 6 sept. 1778.

D'après Lefebvre les arquebusiers firent frapper des médailles de prix en 1730 et en 1778.

Almanach pour l'année MDCCXVIII. — Barbey (A.), *Un Almanach de 1718, ou Description d'un tir provincial d'arquebusiers à Meaux en Brie*, Château-Thierry, 1877, in-8°. — *Recueil de pièces concernant le prix provincial de l'arquebuse royale de France, rendu par la compagnie de la ville de Meaux, le 16 septembre et jours suivants, 1778*, Meaux, 1778. — Janvier, 1855, p. 15.

♣

Meulan

N° 52. — LUDOV . XVI . REX CHRISTIANIS. Buste du roi à dr.

℟ ARQUEBUSE DE MEULAN, en trois lignes dans le champ.

Arg. 29mm.

Notre collection.

Coin du revers à la Monnaie de Paris.

N° 53. — LUD . XVI . REX CHRISTIANISS. Buste du roi à dr. ; dessous : DUVIV.

Revers précédent.

Arg. 29mm.

Coll. Feuardent.

N° 54. — HIERONYMUS BIGNONIUS ADVOCATUS GENERALIS. Buste du célèbre magistrat, Jérôme Bignon, à dr. ; au-dessous : T. BERNARD, nom du graveur.

℟ Légende en dix lignes ; au-dessous espace libre pour la gravure d'un nom et la date.

Arg. 34,5 gr. 41mm.

Catalogue de vente de la collection Bauer, Munich, n° 472 : Meulan. *Prix de tir*, 17.. — *Médailles françaises dont les coins sont conservés au Musée monétaire*, Paris, 1892, p. 197, n° 474 (Avers).

La compagnie d'arquebusiers, très ancienne, eut l'honneur de servir de garde à Henri IV. En 1778, M. Bignon, conseiller d'État, bibliothécaire du roi, en était le colonel, et M. Bignon fils, seigneur d'Hardricourt, chevalier d'honneur.

♣

Montereau-Faut-Yonne

N° 55. — LUD. XV. REX CHRISTIANISS. Buste de Louis XV à droite; dessous : C. N. R. FILIUS. Coin de Roettiers fils.

℞ PRIX PROVINCIAL DE MONTEREAU. Armes de la ville sur un cartouche (de sable à trois tours d'argent posées 2 et 1).

Arg. 31^{mm}.

Coll. Quesvers, de Montereau, et David.

Ce tir provincial eut lieu le 29 août 1773. Le prix fut gagné par Dupré de Monny, un des chevaliers de Meaux. La compagnie d'arquebuse était très ancienne.

Delaunay, p. 110.

♣

Nancy

N° 56. — Médaille nommée le *crincelin,* représentant saint Antoine, patron des confrères de la Butte, et suspendu au cou par un ruban vert et argent.

Argent doré, XVIIe siècle.

Les anciennes compagnies d'archers et d'arbalétriers furent transformées le 19 mai 1560 en compagnie d'arquebuse. Les nouveaux statuts furent approuvés le 23 août 1576. Fondée sous le nom de Compagnie de la Butte, cette société fut supprimée en 1739. Une société du même nom s'est reformée au XIXe siècle. Elle a été autorisée le 4 août 1866.

Guérard, *Notice sur la Compagnie des Arquebusiers de Nancy.* (*Mém. de Nancy*, t. XIV, 1864, p. 213, 218, etc.).

Benoit. *Enseignes et insignes, médailles et décorations se rattachant à la Lorraine.* Nancy, 1872, p. 11.

♣

Noyon

N° 57. — Médaille ovale d'argent au millésime de 1573, représentant saint Sébastien percé de flèches par deux gardes romains.

Cette médaille appartient à la compagnie de Noyon, elle est portée par le roi de l'oiseau.

Le serment d'archers de Noyon combattit en 1414 avec l'armée royale à Soissons, et en 1423 à Compiègne. Cette compagnie possédait des lettres patentes de Charles IV en 1322. Elle avait le pas sur toutes les autres milices dans les cérémonies publiques.

Janvier, 1855, p. 166, et 1875, pp. 99 et 100.

♣

Nuits

N° 58. — PRÆMIUM . NUCIACI . REPORTATUM. Armes de Nuits (d'azur à trois bandes d'or, au chef chargé de trois besants) ornées de deux palmes.

℞ LUDENDO . VINCERE . DOCET. Arquebuse sur deux branches de laurier, au-dessous, 1723.

Cuivre jaune, 29mm.

Musée de la Commission des Antiquités de la Côte-d'Or.

Coll. Feuardent, etc.

N° 59. — La même pièce en or.

Citée par Courtepée, p. 70, Janvier (1875), p. 100, et Bergeret, p. 210.

Société d'arquebuse datant de Henri II. Privilèges sous Henri IV.

Nuits rendit en 1723 le prix remporté à Beaune en 1717 par Adelon, un de ses arquebusiers. 12 villes furent représentés à cette fête. Thevenot de Chalon remporta le prix et reçut une médaille d'or « en valeur de 90 livres sans y comprendre les coins ny la façon ».

N° 60. — Pareilles médailles en vermeil furent présentées à M. de la Brisse, intendant de la province de Bourgogne, qui tira le coup d'honneur, et au capitaine et au lieutenant de Chaumont, comme anciens frères d'armes. Le maire et les échevins ainsi que l'aumônier de la compagnie en reçurent d'argent. Elles étaient attachées à un ruban violet et argent.

M. Sarrazin, secrétaire de la compagnie royale des chevaliers de l'arquebuse de Nuits, fit en 1723 marché avec M. Roger, graveur de la Monnaie de Dijon, pour les coins de cette médaille, moyennant 45 livres et une médaille d'argent.

M. Bergeret, *La compagnie royale des chevaliers de l'arquebuse de Nuits* (*Mémoires de la Société bourguignonne de géographie et d'histoire*, Dijon, 1892, t. VIII).

Fouque, pp. 265 et 334.

N° 61. — FOEDUS TRIPLEX . MENS UNA. Trois anneaux entrelacés.

Cette médaille, relative à l'alliance des arquebusiers de Chaumont, de Chagny et de Nuits en Bourgogne, 1768, fut frappée à trois exemplaires et offerte par la ville de Nuits à Chaumont et à Chagny. Cette médaille devait appartenir à celui des chevaliers qui remporterait le prix dans sa compagnie.

Courtepée, pp. 53 et 70. — Fouque, p. 354. — Janvier, 1875, p. 99.

Paris

ARCHERS

N° 62.— Saint Sébastien entre deux archers ; au-dessous du saint un petit écusson aux armes de France.

℟ Les armes de Paris entre un arc et un carquois, au-dessus et au-dessous une flèche.

Plomb, 31^{mm}.

Musées de Cluny et Carnavalet, à Paris.

N° 63. — Saint Sébastien debout de face, percé de flèches.

℟ Lis fleuri entre un arc et trois flèches liées.

Plomb, 27^{mm} (1).

Musées de Cluny et Carnavalet.

N° 64. — Vierge assise tenant l'Enfant et un lis.

℟ Cible entre deux lis.

Plomb, 27^{mm}.

Musée de Cluny.

N° 65. — Tireur à l'arc debout à dr.

℟ Couronne.

Cuivre, 20^{mm}.

Notre collection.

(1) Nous signalons ici cette pièce ainsi que plusieurs autres qui suivent, parce que musées et amateurs les classent aux séries parisiennes.

N° 66. — Archer debout dans un champ orné de feuillages.

℟ Croix dans un quadrilobe.

Plomb trouvé dans la Seine au pont Saint-Michel en 1857, XIVe siècle.

Forgeais. *Coll. de plombs historiés trouvés dans la Seine, Paris*, t. V, 1866, p. 231 (Vignette).

N° 67. — LVDOV . XVI . REX . CHRISTIANISS. Tête de Louis XVI à dr., dessous DUVIV.

℟ COMPAGNIE DES CHEV ALIE DE LARC DE PARIS. Armes de la compagnie. (Ecusson portant un arc et une flèche en sautoir sur un fond d'azur.) L'écusson est surmonté d'un heaume et entouré d'une palme à g. et d'une branche de laurier à dr.; dessous une croix de Saint-Sébastien, qui est celle de l'ordre. Dans le bas : C . F EN - 826 (compagnie fondée en 826).

Ce jeton paraît avoir été frappé en 1780.

Cuiv. 29^{mm}.

Notre collection.

ARBALÉTRIERS

N° 68. — Treize lis en bordure entre deux grènetis; dans le champ une fleur de lis.

℟ Treize lis en bordure entre deux grènetis; dans le champ, une arbalète.

Cuivre jaune, 22^{mm}.

Musée Carnavalet.

R. de Lespinasse. *Les Métiers de Paris*, t. II, p. 343 (Vignette).

N° 69. — Variété avec douze lis en bordure des deux côtés.

Cuivre, 22^{mm}.

Coll. Feuardent.

N° 70. — Même pièce en plomb.

Musée Carnavalet.

N° 71. — Arbalète entre deux lis.
℟ Arbalète entre deux lis.
Cuivre, 23^mm^.
Musées de Cluny et Carnavalet. — Notre collection.

N° 72. — Grande arbalète entre deux arbalètes plus petites.
Méreau uniface.
Cuivre, 27^mm^ 1/2.
Notre collection.

N° 73. — Saint Denis debout, revêtu des habits pontificaux, portant dans ses mains sa tête mitrée ; ses épaules sont surmontées d'une auréole. Dans le champ sont placées, l'une à droite, l'autre à gauche, les lettres S. D. surmontées et soutenues chacune d'une fleur de lis.

℟ Arbalète surmontée d'une couronne ouverte et fleurdelisée, flanquée en chef de deux fleurs de lis, en pointe du mot : DR - OIT, coupé en deux.

Plomb trouvé au pont de la Tournelle en 1856, xve siècle, 32^mm^.

Forgeais, t. V, p. 236 (Vignette).

Cette pièce appartient aux cent arbalétriers de la Ville de Paris, dont la confrérie, formée sous le patronage de saint Denis, remonte à 1410.

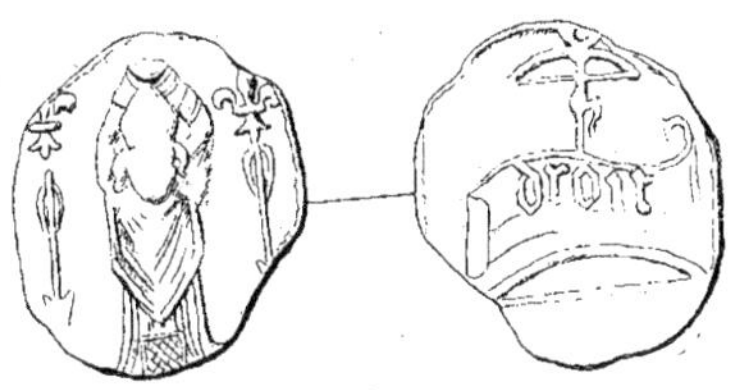

N° 74. — Variété de la pièce précédente.
Plomb, 30^mm^.
Musée Carnavalet.

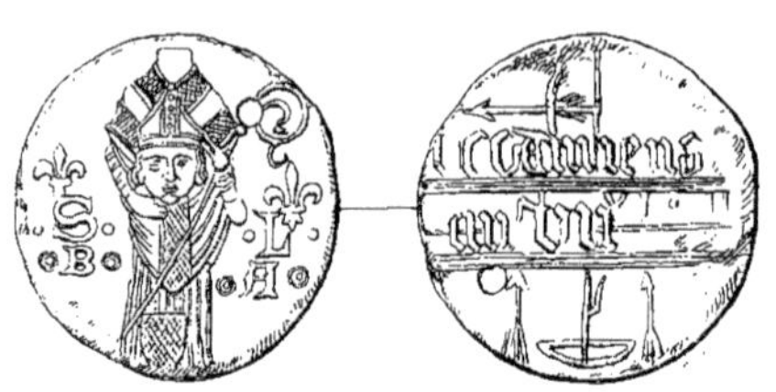

N° 75. — Variété de la pièce précédente.
Plomb, 32^{mm}.
Musée Carnavalet.

♣

ARQUEBUSIERS

N° 76. — LVDOVICVS MAGNVS . REX . Buste de Louis XIV à dr., dessous R.

℞ IETTON . DES . CHEVALIERS . DE . L'ARQVEBVZE . DE . PARIS. Une arbalète et une arquebuse passées en sautoir sur trois flèches; au-dessous, 1705.

28^{mm}.

Coins à la Monnaie de Paris.

Coll. Feuardent et biblioth. de Corbeil (argent, frappe moderne).

Cette compagnie, aujourd'hui le Cercle des Carabiniers de Paris, fut fondée en 1665.

Leur hôtel était situé rue de la Roquette, faubourg Saint-Antoine. Le terrain leur avait été donné par lettres patentes du roi, du mois de décembre 1684.

Armes : une arquebuse et une arbalète sur un champ d'argent, avec chef d'azur chargé de trois fleurs de lis d'or.

Devise : *Per tela, per ignes.*

N° 77. — LUD . XV . REX CHRISTIANISS. Buste à perruque à dr., sous le bras DU VIVIER.

℞ PER TELA . PER IGNES. Une arbalète et une arquebuse passées en sautoir sur trois flèches ; à l'exergue CHEVALIERS DE L'ARQUEBUSE DE PARIS CR.

Arg. 30^{mm}.

Coins à la Monnaie.

Coll. Feuardent.

N° 78. — Autre variété avec la tête laurée à dr. Coin de Duvivier.

Arg. 30^{mm}.

Coll. Feuardent.

N° 79. — Autre variété avec la tête au bandeau à dr. Coin de Marteau.

Arg. 30^{mm}.

Coll. Feuardent.

N° 80. — Autre variété avec la tête laurée et cheveux longs à dr. Coin de Roettiers fils.

Arg. 30^{mm}.

Musée de Cluny.

N° 81. — Avers du n° 22.

℞ TIMOREM SECURITATEM QUE FERO. Couronne traversée par deux arquebuses en sautoir, liées par un ruban ; à l'exergue : ARQUEBUSIERS 1760. (Armuriers-Fourbisseurs.)

Arg. 29^{mm}.

Musée Carnavalet. — Coll. Feuardent.

R. de Lespinasse. *Les Métiers de Paris*, t. II, p. 343 (Vignette avec la date 1700). — *Pour la Patrie*, p. 727.

N° 82. — Les armes de Paris dans un riche cartouche orné de palmes et de lauriers. Sur une feuille de la palme de droite : GAMOT (1) et sur le vaisseau : 1736.

(1) H.-Joseph Gamot, graveur du roi à la Monnaie de Lille, reçut le 14 juillet 1734 le brevet de graveur de la ville de Paris. Il retourna vers 1742 à Lille. Il grava les jetons de Turgot, prévôt de Paris (1736 à 1740), un cachet aux armes de Lille (1741) et les médailles et monnaies frappées en 1759 à Oberkirch pour Louis Constantin, prince de Rohan-Guéménée, évêque de Strasbourg.

℞ Dans une couronne formée de deux branches de laurier : EQUITI SCLOPETARIO VICTORI PRIMUM PRÆMIUM URBS PRÆBET.

Arg. 68mm.

Coins à la Monnaie. (*Catalogue de la Monnaie*, p. 264, n° 193a.)

N° 83. — Variété avec SECUNDUM au lieu de PRIMUM.

Arg. 54mm.

Coins à la Monnaie. (*Catalogue de la Monnaie*, p. 264, n° 193b.)

Le dimanche le plus près de la Saint-Laurent, le corps de ville apporte à cette compagnie trois prix qui sont tirés en sa présence. Le premier est une médaille d'argent du poids d'un marc, aux armes de la ville. Les deux autres prix sont deux médailles d'argent pareilles, mais de moitié moins de valeur.

Almanach des compagnies d'arc, arbalète et arquebuse. Paris 1789, p. 57. — Delaunay, p. 89. — Janvier, 1875, p. 100. — Arthur Dinaux. *Les Sociétés badines, bachiques*, etc., v° Arc, 1er vol.

N° 84. — LUDOV : XVI : REX CHRISTIANISS : Buste du roi, les cheveux longs, tourné à g., dessous DROZ . F.

Revers du n° 77. Arg. 30mm.

Musées de Cluny et Carnavalet.

N° 85.— MRE F . VT DE CHENIZOT LIEUTENANT COLEL DE L'ARQUEBUSE DE PARIS . 1782. Écu à ses armes entouré du collier de saint Sébastien, sur un cartouche couronné.

Revers précédent. Arg. 32mm.

Notre collection (Exemplaire de la coll. du baron Pichon, n° 902).

François-Vincent Guyot de Chenizot, conseiller d'État, doyen de quartier de MM. les maîtres des requêtes, était lieutenant-colonel de cette compagnie en 1789, tandis que Monseigneur le duc de Brissac, pair de France, en était le protecteur et le colonel.

Les sociétés d'archers et d'arbalétriers, très anciennes, prétendaient remonter au temps des Normands. On en trouve mention officielle dès le règne de Louis VI en 1108. Saint Louis en 1245 leur accorda des privilèges ; le 9 août 1359, Charles, régent du royaume en l'absence du roi Jean, les renouvela et fixa en même temps à 200 le nombre des archers et des arbalétriers.

Elles furent transformées probablement en société d'arquebuse dès l'apparition des armes à feu ; nous voyons la nouvelle société obtenir des privilèges de Henri IV en 1603, de Louis XIII en 1615, Louis XIV en 1684 et Louis XV en avril 1730. Parmi ces privilèges figurait le droit d'aller complimenter le roi « lors des heureux événements » et de lui demander un prix en signe de réjouissance. Dans les cas urgents, les arquebusiers étaient appelés et prenaient les armes comme une troupe régulière. Le prix de la ville se tirait régulièrement tous les ans le dimanche le plus proche de la Saint-Laurent. Cependant le tir à l'arc n'avait pas été complètement abandonné. Une compagnie de « Chevaliers de l'Arc » se forma de nouveau en 1748. Ses statuts furent analogues à ceux des autres compagnies du même genre. Elle faisait aux ordres du gouvernement le service d'ordre dans les cérémonies publiques, et prenait place dans le cortège du gouverneur de Paris Nous en donnons sous le n° 67 un jeton fort curieux, où cette société rappelle orgueilleusement son origine, et prétend remonter à l'an 826.

Péronne

N° 86. — ⊕ VRBS . NESCIA . VINCI ⊕. La Pucelle, assise presque de face, tenant une palme et s'appuyant sur un bouclier; à ses pieds, trois P surmontés d'une couronne antique; à l'exergue, 1656.

℞ AD. VTRVMQVE . PARATVS. Cavalier (archer-pistollier) casqué et cuirassé, portant un carquois et un arc et tenant de la main droite levée un pistolet et de la gauche les rênes du cheval marchant à gauche; dans le fond, deux groupes de cavaliers ; à l'exergue : 1656.

Or, arg. et cuiv., 27mm.

Musée de Péronne et notre collection.

P. Menestrier. *Histoire du roi Louis le Grand par les médailles*, p. 80, n° 15. — Dugniolle. *Le jeton historique des dix-sept provinces des Pays-Bas*, Bruxelles, 1877, n° 4100.

N° 87. — LVDOVIC . XIIII . FR . ET . NAV . REX. Buste de Louis XIV, à dr.

Revers précédent.

Cuivre, 27mm.

Cabinet de France.

Van Loon. *Histoire métallique des Pays-Bas*, éd. fr., t. II, p. 401 (Vignette). — Dugn. n° 4,101.

N° 88. — PER . DAMNA . RESVRGIT. Arbre couvert de jeunes pousses et dont les branches gisent par terre ; à l'exergue : 1656.

Revers précédent.

Cuiv., 27mm.

Cabinet de France.

N° 89. — VRBS NESCIA VINCI. Avec intervalles laurés. Armes de la ville.

℞ AD VTRVMQUE PARATVS. Un canon, un arc, un pistolet et une arquebuse croisés. (Attributs des archiers-pistolliers-canonniers-arquebusiers.)

Arg. à bélière, 33mm.

Musée de Péronne.

Péronne possédait des compagnies d'archers et d'arbalétriers très anciennes. Il s'y forma aussi plus tard une compagnie de pistolliers-canonniers-arquebusiers, dont l'origine remontait à l'invention des armes à feu. Cette dernière obtint des privilèges de François Ier le 24 janvier 1539 et les conserva jusqu'en 1744, époque où de nombreux procès avec la municipalité, précisément à cause des exemptions d'impôts, les lui firent retirer.

Les chevaliers de l'arc se distinguèrent particulièrement à la bataille de Rethel en 1650. Louis XIV ordonna en 1656 de faire frapper à l'Hôtel des Monnaies de Paris une médaille destinée à rappeler à la ville de Péronne un glorieux passé.

Ces sociétés réunies donnèrent en 1681 un prix magnifique à propos de la restauration de leur jardin. A cette occasion fut frappée la médaille (n° 89) portée par les tireurs depuis cette époque sur leurs justaucorps.

Coët. *Fête du Bouquet à Péronne*. S. l., petit in-8°.— Janvier, p. 229.— E. de Sachy, *Essais sur l'histoire de Péronne*. Péronne, 1866, p. 330.

♣

Poligny

N° 89 *bis*. — Armes de la ville.

℞ Aigle éployé se jouant de la foudre.

Croix d'or portée à la boutonnière par le roi de la compagnie de l'arquebuse et accordée pour la première fois en 1752 par l'autorité municipale. A cette époque elle était d'une valeur de 30 livres. En 1776 on en distribua une autre valant 48 livres.

Prost, *Notice historique sur les Chevaliers du noble jeu de l'Arquebuse de la ville de Poligny*, p. 58. — Gauthier (J.), *Statuts, insignes et armoiries des Corporations d'arts et métiers et des Confréries militaires ou judiciaires de Franche-Comté ;* XVe-XVIIIe siècles. Besançon, 1885.

♣

Pont-de-Vaux

N° 90. — Médaille d'or de 120 livres du prix de 1777. Armes de Pont-de-Vaux et de Pont-de-Veyle, avec deux arquebuses en sautoir. Devise, AMICITIÆ.

Courtepée, p. 87. — Janvier, 1875, p. 101.

La compagnie d'arquebusiers se substitua en 1569 à l'ancienne compagnie des arbalétriers. Elle obtint lettres patentes d'Emmanuel Philibert, duc de Savoie. Le prix de 1777 fut tiré entre Pont-de-Vaux et Pont-de-Veyle seulement. Il fut gagné par Borjon de Scellery, gouverneur de Pont-de-Vaux.

♣

Reims

N° 91. — PAR LA COMPAGNIE DES ARQUEBUSIERS DE REIMS. Statue de Louis XIV en costume d'empereur romain, élevée par les arquebusiers rémois, dans le lieu de leurs réunions.

℞ DIEU SOIT EN GARDE. Armoiries de la ville de Reims. Exergue : AU PRIX GÉNÉRAL DE L'ANNÉE. MV^{C} LXXXVII.

Méd. distribuée au vainqueur lors du prix général donné à Reims le 15 juin 1687.

G. Menestrier. *Histoire du roi Louis le Grand par les médailles*, p. 28. — Ed. de Barthélemy. *Histoire des Archers de Reims*. — Janvier, 1875, p. 100.

N° 92. — S^{T} ANTOINE (à l'exergue) PATRON DE M^{RS} LES ARQVEBVZIERS DE REIMS. Saint Antoine en habit d'ermite, appuyé sur un bâton et tenant en main une clochette ; à côté de lui, son traditionnel compagnon.

℞ PRO REGE ET PATRIA . P . C . R. Trophée d'armes composé d'une cuirasse, d'un casque, d'arquebuses et d'étendards fleur-delisés. A l'exergue, 1707. Coin de Th. Bernard.

Cuivre rouge, 28^{mm}.

Musées de Reims, de Soissons, de Paris, etc. — Notre collection.

Fontenay. *Manuel de l'amateur de jetons*. Paris, 1854, p. 230 (Vignette). — Maxe-Werly. *Essai sur la numismatique rémoise*. Paris, 1862, p. 74, pl. VI, n° 10.— Janvier, 1875, p. 100.

Rouen

N° 93. — Jeton d'argent sera donné aux vainqueurs dans la compagnie des archers pour un prix provincial ou général.

Statuts de la Compagnie des Chevaliers du noble jeu de l'arc de Rouen, Compagnie colonelle de Normandie, renouvelés en 1744. Rouen, 1746, article XVIII. — Ouin-Lacroix. *Histoire des anciennes corporations d'arts et métiers et des confréries religieuses de la capitale de la Normandie.* Rouen, 1850, p. 731. — Janvier, 1855, p. 166. — Janvier, 1875, p. 101.

N° 94. — Les officiers et chevaliers des archers de Rouen porteront la médaille de saint Sébastien avec un ruban rouge à la boutonnière.

Art. XIX des mêmes *statuts* de 1744.

♣

Roye

Voyez *Supplément.*

♣

Saint-Omer

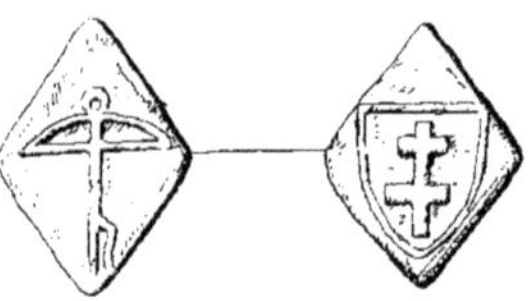

N° 95. — Arbalète.

℟ Ecusson à la double croix. (Armes de Saint-Omer.)

Plomb, 15mm.

Coll. Ch. de Gournay, propriétaire à Clarquet (exemplaire trouvé à Thérouanne). — Musée de Saint-Omer.

Revue de la numismatique belge, 4e série, t. V (1867), p. 119 et pl. II, n° 1.

A la page 26 de son *Histoire des Arbalétriers de Saint-Omer*, M. l'abbé Bled dit que le magistrat distribua ce méreau aux arbalétriers et aux personnes autorisées à entrer au bois de Rehond à la fête de May.

Saint-Quentin

N° 96. — Saint Sébastien, demi-nu, lié à un tronc d'arbre et percé de flèches, un ange les lui retire.

℞ IAPARTIENT .·. AV .·. NOBLE .·. JVE .·. D'ARC ~ DV. FAVBOVRG St .·. ELOY .·. DE .·. St QVETIN .·. 1750. Saint Eloi debout à côté de l'enclume : derrière lui une église.

Arg., 67 gr. 97 × 80mm.

Collection Bourgeois, ancien bijoutier à Saint-Quentin.

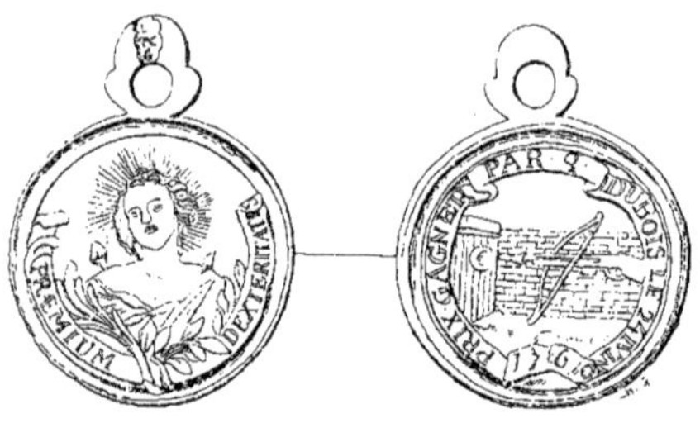

N° 97. — Buste jeune, de face, et radié de saint Quentin (1). Au-dessous du martyr, sur un ruban plissé, on lit : PRÆMIVM DEXTERITATIS.

℞ Dans une enceinte close par un mur, une guérite sur laquelle est fixé un panton pour le tir ; une arbalète occupe tout le champ. Le trait qui vient de partir de l'arme se dirige vers le centre du carton. Toute cette représentation est encadrée par un ruban sans fin et plissé sur lequel est gravé : PRIX . GAGNER . PAR . q . DUBOIS. LE . 24 . IVIN . 1760.

Arg. 31^{mm}.

Coll. Eck, de Saint-Quentin.

Serment d'archers créé par Louis XI, en 1461, en même temps que la compagnie de canonniers-arquebusiers, et privilèges de 1483.

Ces compagnies se signalèrent à la défense de Saint-Quentin contre l'armée espagnole en 1557. Elles avaient, chacune pour un an, à tour de rôle, la préséance sur toutes les autres milices bourgeoises.

La compagnie des canonniers-arquebusiers reçut en 1700 confirmation des ses armoiries (2).

(1) Ce saint, martyrisé par les ordres de Riccius Varus, est toujours représenté avec deux têtes de clous sortant des épaules.

(2) Enregistrées par d'Hozier : Ecartelé au 1er d'argent, à deux épées de sable passées en sautoir ; au 2e de sable à trois canons d'argent montés sur leurs affûts de même, posés 2 et 1 ; au 3e de sable à trois tours d'argent, maçonnées de sable, posées 2 et 1 ; au 4e d'argent à deux buttières de sable passées en sautoir, et sur le tout à un chef de saint Quentin de carnation naturelle. Sa devise était : DEO REGI ET URBI.

Elle s'est reconstituée en 1863 sous le nom de Cercle des Carabiniers de Saint-Quentin.

Cachet. XVIIe siècle.

N° 98. — Croix formée par des crosses d'arquebuses et cantonnée par des arbalètes. Au centre, un médaillon à la Sainte-Barbe.

℟ S^T QUENTIN. 1774.

Arg.

Lecocq. *Histoire de la compagnie des canonniers-arquebusiers de la ville de Saint-Quentin*, 1461-1790. Saint-Quentin, 1874, p. 115 (Vignette). — Sandret. *Revue historique*, 1878, p. 262 (Vignette). — *La fête de l'arquebuse à Saint-Quentin*, Caen, s. d. (extrait).

Cette décoration était en argent pour les simples chevaliers et en argent et or ou dorée en partie pour les officiers. Elle devait se porter attachée à la boutonnière par un ruban.

Un orfèvre de Paris, le sieur Lorette, dont l'établissement, sous l'enseigne du Marteau d'Or, était situé sur le Pont-au-Change, avait

Ancien hôtel des Canonniers-Arquebusiers de Saint-Quentin. xviie siècle.

par permission du ministre le monopole de la fabrication de cet emblème (1).

Bouton en étain. xvie siècle.

(1) Lecocq, dans son *Histoire de la compagnie des arquebusiers de la ville de Saint-Quentin*, classe cette décoration comme médaille distribuée au prix général tenu le 5 septembre 1774 à Saint-Quentin et dit qu'elle a été frappée à la Monnaie de Paris.

Au prix de Cambrai, en 1786, on distribua des croix de Sainte-Barbe aux juges-inspecteurs de la fête et du tir (1).

Janvier, 1875, p. 68 et 76. — Lecocq, p. 100 à 104, 173, 271 et 272.

Voyez encore *Supplément*.

♣

Saint-Sauveur, près Cambrai

N° 99. — ANIART . DE . LA . CONPANIS . DE . SAIN . SAU VEURE . AN . 1770 (date incertaine).

(1) A. de Cardevacque, *Les serments de la ville de Cambray*.

Le saint Sauveur debout de face, brodé en relief à l'aide de fils d'or et de soie sur une plaque en argent doré ; à l'exergue, un arc et une flèche posés en sautoir.

℟ ANIART (à l'exergue) ENPEREUR . AN . 1781 . ET . IE . LE . DEFANDI . AN . 1788.

L'aigle de Cambrai brodé également sur une autre plaque d'argent.

Ces deux plaques sont attachées à une feuille de carton. La rosette était en soie rouge et le ruban en soie bleu-pâle.

Cette décoration de forme ovale fut décernée à Aniart, empereur de la compagnie des archers en 1781 et en 1788.

Les berceaux servant aux exercices de cette compagnie étaient situés dans la paroisse de Saint-Sauveur, sur la lisière du marais de Cantimpré, et faisaient partie du Cambrésis.

Notes sur un drapeau et une décoration ayant appartenu à la compagnie des archers de Saint-Sauveur, par M. A. Hattu (*Mémoires de la société d'émulation de Cambrai*, 1865, p. 201). — Cardevacque (A. de), *Les serments de la ville de Cambrai* (*Société d'émulation de Cambrai*, t. XXXIX, p. 325).

♣

Salins

N° 99 *bis*. — Les magistrats de Salins, en vertu d'une charte, avaient donné et délibéré de donner dans la suite (après 1753) une médaille à celui qui abattra l'oiseau.

Prost, *Notice historique sur les chevaliers du noble jeu de l'Arquebuse de la ville de Poligny*, p. 147.

♣

Sedan

N° 100. — La compagnie d'arquebusiers de Sedan, connue sous le nom de *Cie de la Jeunesse*, fut créée en 1576 par la régente, Françoise de Bourbon, qui accorda deux prix par an.

En 1583, le prix consistait en une médaille d'argent de la valeur de cent sols tournois, à l'effigie du prince Guillaume-Robert de la Marck, lequel avait promis une médaille d'or.

Henri de la Tour, duc de Bouillon et prince de Sedan de par sa femme, Charlotte de la Marck, donna une seconde médaille en 1613. Son fils, Frédéric-Maurice, fit de même.

Louis XIV, vers 1644, ordonna que des médailles à son effigie seraient données comme prix de tir.

Jusqu'à présent, aucun de ces monuments n'a été retrouvé (1).

♣

Semur

N° 101. — Compagnie d'arquebusiers fondée en 1609, autorisée par lettres patentes de Henri IV.

Le roi portait une médaille en argent de la valeur de 20 écus.

Janvier, 1875, p. 102.

♣

Soissons

N° 102. — Croix attachée avec un petit cordon gros bleu céleste.

Au milieu, un dauphin nageant en pleine mer avec ces mots en exergue : SEPTEMBRIS ANNO MDCCXXIX, et aux quatre branches se trouvaient les légendes :

VOTUM REGIS
SPES REGNI
DELICIÆ ORBIS
REGINÆ GAUDIUM

(1) Renseignements fournis par M. Marc Husson, d'après le manuscrit du P. Norbert, à la Bibl. de Sedan, et d'autres sources.

℟ Deux arquebuses en sautoir formaient le centre avec les mots : AD EMULATIONEM JUVENTUTIS en exergue. Aux 4 branches :

LUDOVICUS . XV . FRANC . NAV . REX
ORDO EQUITUM FUNDATUS 1729
MAGNUS CARUS DELPHINUS ORDINIS DUX
OB FELICEM NASCENTIS DELPHINI DIEM.

Cette croix ne fut que projetée, mais pas exécutée.

Biscuit (Fr.), *Essai historique sur l'arquebuse de Soissons*, Soissons, 1874, p. 44.

La compagnie d'arquebusiers, créée par lettres patentes de Charles IX en 1573, absorba les anciens serments d'archers. Le tir au papegaut avait lieu tous les ans, le lundi de la Pentecôte, dans un magnifique jardin. Le 22 septembre 1729, à l'occasion de la naissance du Dauphin, la compagnie donna dans son local ordinaire une fête très brillante. Trois prix donnés par la ville furent tirés à cette occasion. Supprimée en 1790, elle fut rétablie en 1833 par quelques survivants de l'ancienne corporation.

Voyez encore *Supplément*.

♣

Strasbourg

Les médailles de tir de cette ville ayant été décrites et en partie reproduites par MM. Engel et Lehr, nous nous contenterons de renvoyer nos lecteurs à leur ouvrage intitulé : *Numismatique de l'Alsace*.

♣

Toul

N° 103. — SOLERT . DELPH . DEDICAU . MAG . TUL . 170. Grand T surmonté d'un dauphin et accosté de deux lis.

℞ PSITTACI . PRŒMIUM. Monument accosté de deux édifices entourés d'une grille; à l'exergue : FONTAINE, signature du graveur.

Cuivre rouge, 25^{mm}.

Bibliothèque de Nancy. (Exmplaire de la coll. Gilet.)

Robert. *Mélanges*, p. 124. — *Catalogue Robert*, 1035 (Vignette). — Benoit. *Enseignes et insignes*, p. 12 et 13 et pl. III, n° 2.

Le tir du papegai avait été rétabli en 1744 par la compagnie des Cadets-Dauphin. Cette médaille de cuivre rouge fut probablement celle que les magistrats municipaux distribuèrent aux jeunes gens et bourgeois de la ville formant la compagnie d'honneur du dauphin, lorsque ce prince marcha à la rencontre des pandours de Nadasti, qu'il battit à Phalsbourg.

N° 104. — PSITACI PRÆMIUM ANNO 1751. Le perroquet.

℞ SOLERT . DEDICAV . MAGIST . TULLEN. Les armoiries de la ville de Toul. (Le T placé entre trois fleurs de lis.)

Arg. de 24 livres.

Lepage. *Monographie des Cadets-Dauphin* (*Journal de la Soc. d'arch. lorr.*, 1858, p. 158), et *Archives communales et hospitalières de la Meurthe*, p. 59. — Benoit, p. 12 et 13.

N° 105. — Réduction en or de la médaille de 1751, mais avec la date de 1766.

Benoit, p. 12.

N. 106. — Méd. probablement identique à la précédente, relative au tir du papegai de 1785.

Benoit, p. 12.

La fabrication de cette médaille avait été donnée par adjudication à l'orfèvre toulois Gengoult.

♣

Tournus

N° 107. — La compagnie d'archers fut établie au commencement du xve siècle. La compagnie d'arquebuse datait de François Ier.

Celle-ci rendit un prix en 1753 avec grande pompe ; 14 compagnies d'élite, formant 243 chevaliers, le disputèrent. Après la signature du procès-verbal, on vint tirer des rangs M. Gillot, chevalier de Beaune, à qui le premier prix avait été décerné. Le maire, aux sons des instruments, le proclama *Grand maître*, lui attacha *la médaille d'or* à la boutonnière et lui mit sur la tête une couronne de laurier.

Elle prit part, en 1778, au prix de Beaune.

Le drapeau de cette compagnie, déposé le 25 août 1790 à la voûte de l'église Saint-Philibert de Tournus, portait d'un côté les armes de la ville (de gueules au château sommé de trois tours d'argent maçonnées de sable ; au chef d'azur chargé de trois fleurs de lis d'or), et de l'autre celles de la compagnie (de gueules à deux arquebuses posées en sautoir, accompagnées de trois fleurs de lis d'or).

Arch. de Tournus, EE7. — Bernais (A.). *Recherches sur les chevaliers de l'arc et de l'arquebuse de Tournus*, 1884.

♣

Troyes

N° 108. — TVTELA . SALVTIS. Ecus de France et de Navarre sous une couronne.

℞ REGIS ET PATRIÆ (1). Armes de la ville de Troyes (de Champagne au chef d'azur chargé de trois fleurs de lis d'or).

Arg. 27^{mm}.

Coll. Honnet.

N° 109. — Même pièce en cuivre jaune.

Notre collection.

N° 110. — LUD . XV . REX CHRISTIANISS. Tête laurée de Louis XV à dr. Avers du n° 35.

Coin de Roettiers fils.

℞ ARMIS QUÆRENDUS HONOS. Armes de la ville sur un cartouche couronné, avec un laurier à g. et une palme à dr., sur deux arquebuses et deux drapeaux ; dessous : ARQUEBUSE DE TROYES.

Arg. 29^{mm} 1/2.

Coll. A. de Barthélemy et notre collection.

Coins à la Monnaie de Paris.

N° 111. — Variété. Tête au bandeau à dr., dessous monogramme de J.-C. Roettiers.

Arg. 30^{mm}.

Coll. A. de Barthélemy, Du Lac et Feuardent.

N° 112. — Le même en cuivre rouge.

30^{mm}.

Coll. A. de Barthélemy et Feuardent.

N° 113. — Variété. Coin de Marteau. Avers du n° 34.

Arg. 30^{mm}.

Coll. A. de Barthélemy, Pichon, etc.

Delaunay, p. 89 (Vignette).

(1) Les arquebusiers de Troyes portaient cette devise sur leur étendard. Cette pièce sans date, de l'époque de Louis XIII, pourrait être un jeton municipal en même temps que corporatif.

N° 114. — LUD . XVI . REX CHRISTIANISS. Tête aux cheveux liés du roi à dr. ; dessous DUVIV.

Même revers qu'au n° 110.

Arg. 30^{mm} 1/2.

Coll. A. de Barthélemy, Bibliothèque de Corbeil, notre collection, etc.

N° 115. — LUDOV : XVI . REX CHRISTIANISS : Buste drapé du roi à g., les cheveux très longs ; dessous : J.-P. DROZ . F.

Revers précédent.

Arg. 30^{mm} 1/2.

Coll. Kœchlin et Florange.

N° 116. — Variété du jeton précédent avec le buste du roi à droite. Coin de Gatteaux.

Cuivre. 30^{mm} 1/2.

Coll. Kœchlin.

♣

Vézelise

N° 117. — Cordon noir « à l'ymaige N.-D. ».

La confrérie des buttiers fut fondée par le duc Henri II de Lorraine le 23 février 1617.

Fourier de Bacourt (Comte E.). *Les sociétés de tir et les milices bourgeoises dans l'ancien duché de Lorraine et Barrois (Mémoires de la Société des lettres, sciences et arts de Bar-le-Duc*, 3e série, t. IV, 1895, p. 88).

♣

Villeneuve-de-Lyon

N° 118. — COMP^{IE} DE L'ARQUEBUZE DE VILLENEUVE DE LYON. Écusson ovale aux armes de la ville sur un cartouche couronné.

℞ SCOPUS OMNIBUS UNUS . 1778. Deux arquebuses posées en sautoir et liées à une cible ; à l'exergue : PATRIÆ ET CONCORDIÆ.

Arg. 28mm.

Coll. Feuardent, Florange, Poncet, etc.

N° 119. — Même pièce en cuivre jaune.

Coll. Poncet.

Villeneuve-de-Lyon était une bourgade près de Lyon. Sa compagnie ne datait que de 1738 et n'avait reçu l'autorisation royale qu'en 1768. Elle s'exerçait au faubourg de la Guillotière. On peut rappeler comme curiosité qu'en 1767 les chevaliers se donnèrent comme colonelle la marquise de Rochebaron. Cette dame était d'ailleurs fort habile dans cet exercice ; elle avait été nommée, cette année-là, Roi du tir.

Bouton en étain. XVe siècle.

Nous citerons enfin à titre de curiosité quelques pièces qui, sans appartenir aux sociétés qui nous ont occupé, se rattachent cependant au tir en général.

N° 120. — + : POVR : DE : DEUX : ARCS : VISER : AV : LIEV : Faisceau de flèches entre deux arcs.

℞ + : TOVT : MON : ESPOIR : EST : EN : DIEV : 1549 : Sphère sur son pied, flanquée de deux croissants (1).

Cuivre, 27mm.

Musée Carnavalet. — Coll. Chautard, Florange, Sarriau.

R. de Lespinasse, *Les Métiers de Paris*, t. II, p. 343 (Vignette).

N° 121. — Variété. Même avers.

℞ IN . MANIBUS . PORTABUNT . TE . Deux lutteurs entre le chiffre couronné de Henri II.

Cuivre, 27mm.

N° 122. — POVR . PARVENIR . IE . LABEVRE . Monogramme formé des lettres KHK, accosté de deux fleurs de lis, et surmonté d'un écu de France placé entre deux croissants et timbré d'une couronne royale fermée ; au-dessous, un troisième croissant.

℞ POVR . FRAPPER . AV . BVT . Arc et carquois posés en sautoir, au-dessous de trois croissants entrelacés et surmontés d'une couronne royale fermée.

Cuivre jaune, 27mm.

Cabinet de France.

H. de la Tour, *Catalogue des jetons de la Bibliothèque nationale*. Rois et reines de France, n° 105 (2).

N° 123. — + VIVE . EN FANCE . Deux amours tirant des flèches sur un oiseau perché au sommet d'un mât ; à l'exergue, deux palmes en sautoir.

℞ LEVIS . LVDVS . IVRGIA . NEGAT . Armes de France sur un cartouche orné et couronné.

Cuivre jaune, 26mm.

Coll. Feuardent.

(1) Symbole de la perpétuité de l'union et de l'affection des deux époux, Henri II et Catherine de Médicis.

(2) Voir aussi de La Tour, nos 23, 37, 106, etc.

N° 124. — Même pièce, mais le revers est sans légende et montre l'écu de France couronné entre deux H couronnés et posés sur deux branches de laurier.

Cuivre jaune, 26mm.

Notre collection.

N° 125. — VIVE . EN FENCE . Deux amours tirant des flèches sur un oiseau perché au sommet d'un mât entouré de feuillages.

℞ MANET . VLTIMA . COELO . Trois couronnes ; au-dessus 7 étoiles et des nuages.

Cuiv. jaune, 28mm.

Cabinet de France. — Notre collection.

La Tour, n° 452.

Louis XIII tirant l'arquebuse. Ancien vitrail peint de la salle de l'arquebuse de Troyes.

N° 126. — LVD . XIIII . D . G . FR . ET . NAV . REX. Buste drapé de Louis XIV à dr.

℞ SIC . STERNERE . DISCIMUS . HOSTEM. Le roi tirant à l'oiseau et posant le pied sur une arbalète ; à l'exergue, 1648.

Arg. 27^{mm}.

Cabinet de France (médailles de la série royale).

P. Menestrier, *Histoire du roi Louis XIV par les médailles, etc.* Paris 1689, p. 28, pl. 5 (sans date). — Trésor de num. et de glypt. pl. III, fig. 5. — Janvier, 1875, p. 101. — Delaunay, p. 36 (Vignette avec la date 1659).

N° 127. — Archer tirant à l'oiseau.

℞ Femme debout à demi nue, les cheveux flottants, vue presque de face, tenant de la main droite un cœur et de la gauche un étendard (?) ou un bâton.

Etain 27^{mm}. Jeton gravé au burin.

Notre collection.

Aymar de Prie, dernier grand maître des Arbalétriers de France, mort en 1527 ou 1534.

N° 127 *bis*. — DVLCE . ET. DECORVM . EST. PRO . PATRIA. MORI. Un mousquetaire, dans une campagne, s'apprêtant à faire feu de son mousquet dont il tient le canon appuyé sur la fourche.

℞ Les armes de France et de Navarre sous une couronne.

Jeton en laiton attribué à Sedan. Epoque de Louis XIII. 25^{mm}.

Coll. Husson et Feuardent.

Revue française de numismatique, 1887, pl. XII, n° 11.

N° 127 *ter*. — Arbalète entre quatre globules.

℞ Croix cantonnée de quatre globules.

Plomb appartenant au nord de la France. (Trouvaille de Térouanne.)

Musée de Cluny.

N° 128. — MAR . DE . PRYA . AR . CAP . CIT . PA . GV . EQS . PRO . HISP . RE . GRA . CREA . — 1485.

Buste à g., la tête couverte d'un bonnet.

℟ PRIE . ACHANT . D'OYSEAULX . Ecusson à ses armes.

Arg. 43mm.

Cabinet de France.

Trésor de numismatique. Méd. françaises, I, LV, I. — *Médailles rares. Le dernier grand maître des Arbalétriers de France.* (*Magasin pittoresque*, t. XVIII, 1850, pp. 351-352, Vignette). — Armand. *Les Médailleurs italiens*, t. II, p. 87. — Sarriau. *Numismatique nivernaise*. Nevers, 1894, pl. VIII, n° 2. — Fouque, p. 23.

Aymar de Prie, troisième fils d'Antoine de Prie et de Madeleine d'Amboise, d'abord conseiller et chambellan ordinaire du Roi, fut envoyé à Gênes par François Ier avec 4000 hommes, à la tête desquels il s'empara d'Alexandrie et de toute la vallée du Pô. C'est à la suite de ce fait d'armes qu'il fut nommé gouverneur du Pont Saint-Esprit et grand maître des Arbalétriers, charge qu'il exerça jusqu'à sa mort, en 1528 (?), et qui fut supprimée après lui.

P. Anselme, *La Maison de France*.

♣

Rodez

N° 129. — FRANCS ARCHERS DE RODEZ. Dans le champ, en deux lignes : P. ST AMANS. (Paroisse de Saint-Amans.)

℟ NY PEYANS TAILLE NY DENIES. Dans le champ, trois fleurs de lis.

Plomb trouvé à Millau, 36^{mm}. XVIe siècle.
Coll. de la société des Lettres et Arts de l'Aveyron à Rodez.

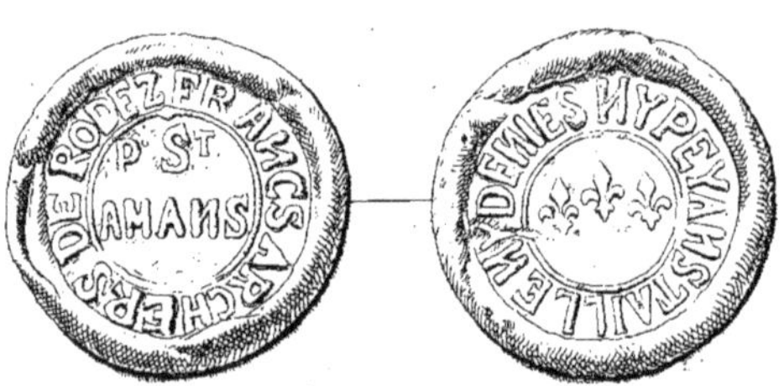

La milice des francs-archers aurait été fondée en 1448 par Charles VII. Supprimée par Louis XI en 1480 comme ne rendant pas suffisamment de services, il ne resta que les archers des paroisses, sorte de gendarmerie locale chargée d'un service public.

SUPPLÉMENT

♣

Besançon

N° 130. — Arquebuse et épée entrelacées et placées en sautoir sur une arbalète en pal, dans un cadre quadrangulaire dont chaque côté se compose d'un arc formé de deux volutes soutenant une fleur de lis.

Insigne en cuivre doré, découpé à jour et ciselé.

Musée archéologique de Besançon.

J. Gauthier, *Statuts, insignes et armoiries des Corporations d'arts et métiers et des Confréries militaires ou judiciaires de Franche-Comté*, p. 6 et pl. 1, n° 4 *bis*.

♣

Bourges

N° 131. — « Louis le Juste, roy de France et de Navarre ». Buste de Louis XIII.

℞ « Nicolas de l'Hospital, marquis de Vitry, maréchal de France, gouverneur du païs de Berry ». Ses armes (1).

(1) Un écu écartelé : au 1er, d'azur semé de fleurs de lys d'or, au lambel de gueules (Anjou-Sicile); au 2e, pallé d'or et de gueules (Aragon) ; au 3e, de sable à deux léopards d'or passant, l'un sur l'autre (Rouault) ; parti de fascé d'or et de gueules à neuf macles d'or (Rohan-Montauban) ; au 4e, de gueules à la croix ancrée de vair, qui est La Chastre ; sur le tout, de gueules au coq d'argent, crêté, membré et becqué d'or, ayant au col un écusson d'azur chargé d'une fleur de lys d'or, qui est Lhospital.

Grande médaille d'or attachée à une chaîne d'or de la valeur de 300 livres.

Elle fut donnée par le gouverneur de l'Hospital, marquis de Vitry, à l'occasion du prix rendu par les arquebusiers de Bourges, le 18 juillet 1619.

Les compagnies d'Aubigny, Châtillon, Dun-le-Roi, Graçay, Issoudun, La Châtre, Mehun, Sancerre et Vierzon, assistèrent à cette fête. Un arquebusier de Sancerre, M. Triboudet, et un autre de Bourges, nommé Boiron, remportèrent le prix.

Le maréchal ordonna alors que « led. pris sera séparé en deux, asçavoir le portraict du Roy qui est d'un costé et les armes de mondict seigneur d'un autre en une grosse médaille d'or sera et demeurera avec moictyé de la chaine aud. Biron de la ville de Bourges; et le reste de lad. chaine audict Triboudet de Sancerre, et leur a tout dellivré ».

Boyer, *Notes historiques sur les confréries d'archers, arbalétriers et arquebusiers de la ville de Bourges (Mém. de la Commission historique du Cher*, Bourges, 1857, p. 195 et suiv.).

♣

Cambrai

N° 132. — Le roi du serment des arbalétriers de Cambrai portait une décoration en vermeil « avecq trois oizelets pendants ». Celle du prévôt était également en vermeil « avecq la sainte Vierge d'or au milieu et les armoiryes de l'évesque de Croy » (1).

Registre aux délibérations de la compagnie du noble et souverain jeu de l'arbalète, premier serment de Cambrai. Ms. de la Coll. V. Delattre. — Delattre (V.), *Recherches historiques sur la villa de l'abbé de Saint-Sépulcre de Cambrai (Bulletin de la Commission historique du Nord*, t. XIII, p. 318). — A. de Cardevacque, *Les serments de la ville de Cambrai (Mém. de la Soc. d'émulation de Cambrai*, t. XXXIX, p. 281).

(1) Robert de Croy, évêque de Cambrai (1519-1556).

N° 133. — Décoration des archers de Saint-Georges, 1560.

Mém. de la Soc. d'émulation de Cambrai, t. XXXI, 1re partie, p. 292, et t. XXXIX (Cardevacque), p. 320. — *Bulletin de la Commission historique du Nord*, t. XIII (Delattre), p. 318. — Durieux, *Saint-Druon* (*Mém. de la Société d'émulation de Cambrai*, t. XXXI, 1re partie (1870), p. 283 et pl. III).

♣

Roye

N° 134. — Médaille de saint Sébastien portée à la boutonnière par les chevaliers de l'Arc.

Le sieur Langlois, rue de l'Arbre-Sec, à Paris, débitait, par privilège et exclusivement à tout autre, ces médailles.

Coet, *Notice sur Roye*, p. 170.

♣

Saint-Quentin

N° 135. — « Dans l'inventaire, fait le 14 novembre 1792, des « objets qui se trouvaient alors dans le trésor de l'église de Saint-« Quentin, nous avons remarqué la mention de plusieurs médailles « provenant de prix remportés par des confrères, qui en avaient fait « hommage au chef de Saint-Quentin.

« Voici la description portée au procès-verbal :

« .....Une médaille d'argent représentant d'un côté saint Louis, « de l'autre un arbalétrier, avec cette inscription : Lamoroux.

« .....Une couronne double d'argent, avec cette inscription en « haut : SANCTA CECILIA ORA PRO NOBIS. ABBEVILLE,

« 1633. En bas : ASPICE NOS, VIRGO. En dedans : *Don fait par*
« *honnête personne Quentin Géraux, roi et confrère de saint Sébastien,*
« *en l'honneur de saint Quentin, pour de plus en plus implorer son*
« *suffrage contre la peste, en l'année 1636.*

« .....Une médaille représentant d'un côté saint Sébastien (1718), « et de l'autre un trophée d'armes.

« .....Une médaille d'argent, représentant d'un côté un lion cou- « ronné, avec ces mots : PRIX GENERAL DE COMPIEGNE EN « 1729 ; de l'autre la figure du Roi, avec ces mots : LVD. XV. REX. « CHRISTIANIS..... (1).

« .....Une médaille en argent du prix général de la ville de « Châlons-sur-Marne, en 1754 (2).

« .....Une croix de sainte Barbe en argent, avec l'inscription : « ST QUENTIN, 1774 (3). »

La fête de l'arquebuse à Saint-Quentin (Extrait, p. 268).

♣

Soissons

N° 136. — « Le 9 mai 1773 il fut décidé en assemblée générale qu'à « ces prix (assiettes et plats de faïence) seraient substitués des jetons « en argent, d'une valeur de « 30 sols », et il fut arrêté que ceux offerts « désormais par les roi, officiers et chevaliers, consisteraient, savoir :

« Les premiers en 15 jetons divisés en 7 prix dont un de 3 jetons;

« Les seconds en 8 jetons divisés en 7 prix dont un de 2 jetons ;

« Et ces troisièmes en 6 jetons divisés en 6 prix égaux.

« Cette décision demeura en vigueur jusqu'en 1836. »

Biscuit, *Essai historique sur l'arquebuse de Soissons*, Soissons, 1874, p. 68.

(1) Voyez n° 20 de ce travail.
(2) Voyez n° 12 de ce travail.
(3) Voyez n° 98 de ce travail.

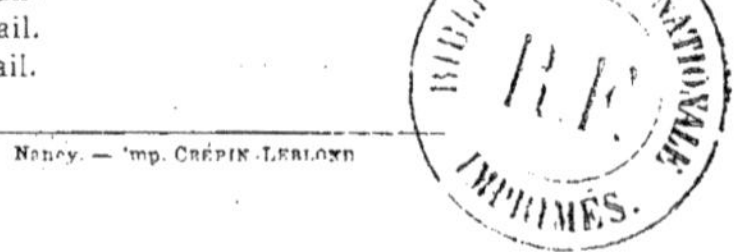

Nancy. — Imp. CRÉPIN-LEBLOND

FLORANGE, *Souv. num. du tir français.*

FLORANGE, *Souv. num. du tir français.*

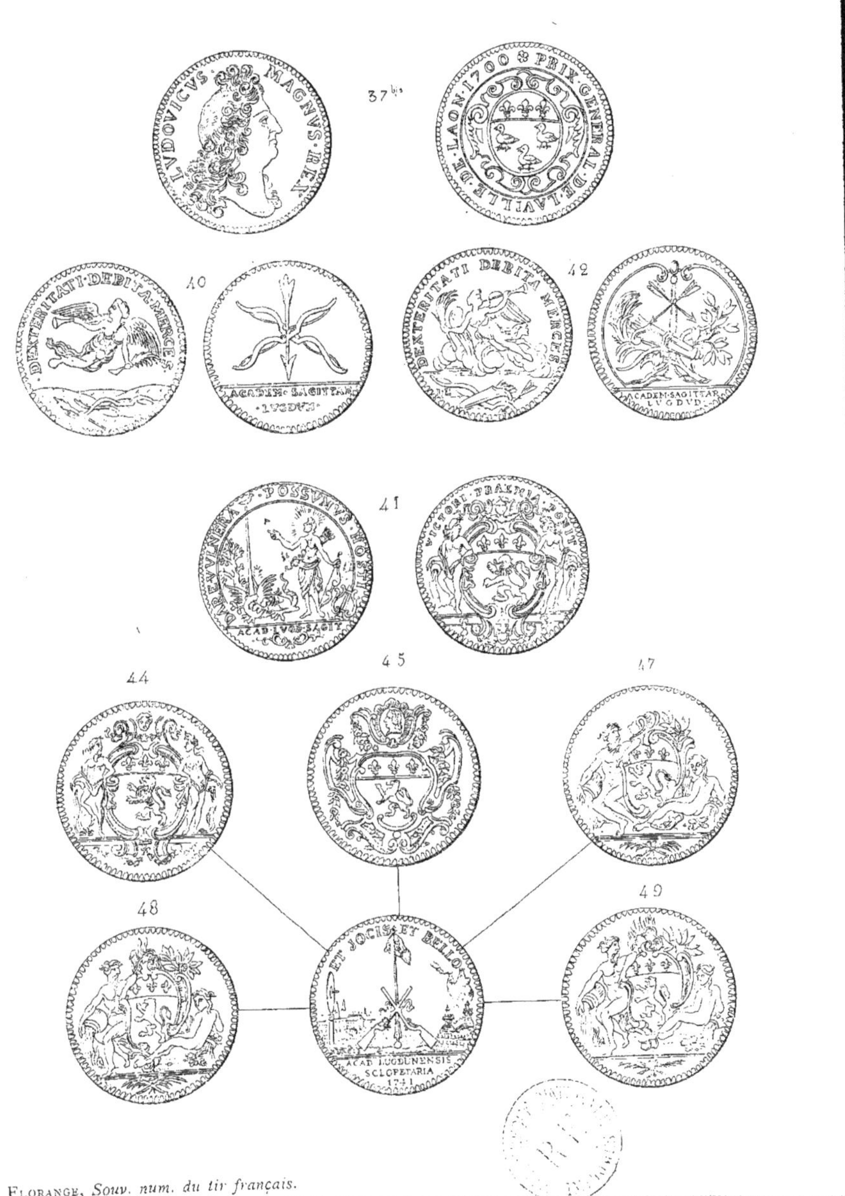

Florange, *Souv. num. du tir français.*

FLORANGE, *Souv. num. du tir français.*

FLORANGE, *Souv. num. du tir français.*

FLORANGE, *Souv. num. du tir français.*

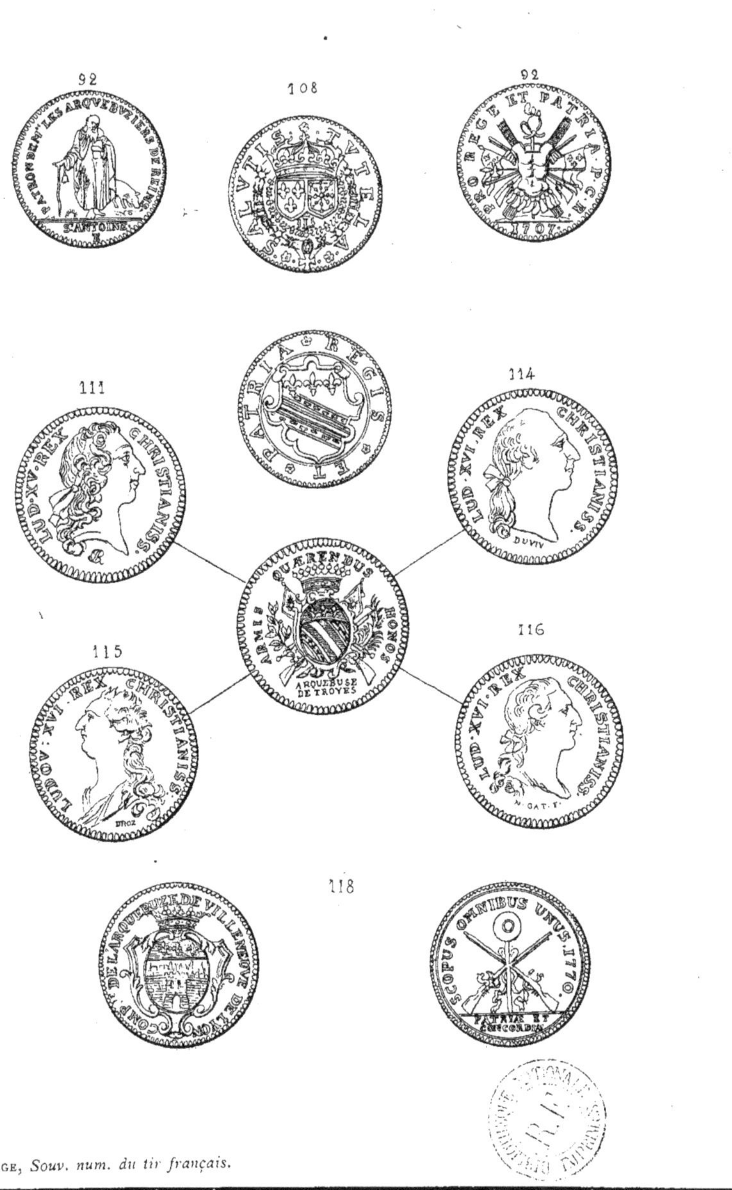

Florange, *Souv. num. du tir français.*

PLANCHE VIII

FLORANGE, *Souv. num. du tir français.*

www.ingramcontent.com/pod-product-compliance
Ingram Content Group UK Ltd.
Pitfield, Milton Keynes, MK11 3LW, UK
UKHW022121190726
13855UKWH00003B/993

9 782013 053488